高校思政课建设的逻辑理路
与实施路径研究

高 莉 著

群言出版社
QUNYAN PRESS
·北京·

图书在版编目（CIP）数据

高校思政课建设的逻辑理路与实施路径研究 / 高莉
著 . -- 北京 : 群言出版社 , 2022.11
ISBN 978-7-5193-0769-1

Ⅰ . ①高… Ⅱ . ①高… Ⅲ . ①高等学校—思想政治教
育—教学研究—中国 Ⅳ . ① G641

中国版本图书馆 CIP 数据核字 (2022) 第 189104 号

责任编辑：侯　莹
封面设计：知更壹点

出版发行：群言出版社
地　　址：北京市东城区东厂胡同北巷 1 号（100006）
网　　址：www.qypublish.com（官网书城）
电子信箱：qunyancbs@126.com
联系电话：010-65267783　65263836
法律顾问：北京法政安邦律师事务所
经　　销：全国新华书店

印　　刷：三河市明华印务有限公司
版　　次：2022 年 11 月第 1 版
印　　次：2023 年 1 月第 1 次印刷
开　　本：710mm×1000mm 1/16
印　　张：11.5
字　　数：230 千字
书　　号：ISBN 978-7-5193-0769-1
定　　价：72.00 元

作者简介

　　高莉，女，中共党员，湘潭大学法学学士，武汉大学法律硕士，上海建纬律师事务所长沙分所律师，现任湖南商务职业技术学院专职教师。湖南高职高专思想政治理论课优秀教师，课程改革带头人。参与多项省、部级课题研究，编写《湖湘红色文化教程》《劳动教育教程》《经济法律基础与实务》等多部教材。"思想道德修养与法律基础"省级精品在线开放课程负责人。参加湖南省高校微课资源项目、课程资源建设项目、中职德育培训项目、"经济法"省级在线精品课程建设等。

前　言

如今，在现代化教育逐渐普及的今天，加强高校思政建设的重要意义逐渐凸显。高校思政课建设的对象是"人"、重点在"思"、方向为"政"。为培养合格的社会主义建设者和接班人，就要始终坚持以马克思主义中国化理论成果为指导，坚持中国特色社会主义方向，这是高校思政课建设的根本所在。然而，目前高校思政课建设虽取得了一定成就，但运行保障机制欠完备、协同育人合力不强、纵向衔接贯通不畅等问题制约着高校思政课建设的实质性效果。基于此，本书对高校思政课建设的逻辑理路与实施路径展开了系统研究。

全书共八章。第一章为绪论，主要内容为高校思政课的内涵阐释、高校思政课的科学定位、高校思政课的价值取向、高校思政课的重要性等；第二章为高校思政课的历史与现状，主要阐述了高校思政课的历史发展、高校思政课的建设现状等内容；第三章为高校思政课建设理论基础，主要阐述了哲学基础、心理学基础、教育学基础等内容；第四章为高校思政课"金课"建设，主要阐述了高校思政课"金课"的内涵、高校思政课"金课"的建设标准、高校思政课"金课"的建设路径等内容；第五章为高校思政课理论教学建设，主要阐述了高校思政课理论教学现状、新时代高校思政课理论教学面临的挑战、新时代高校思政课理论教学改革的路径等内容；第六章为高校思政课实践教学建设，主要阐述了高校思政课实践教学现状、新时代高校思政课实践教学面临的挑战、新时代高校思政课实践教学改革的路径等内容；第七章为高校思政课教学考核改革，主要阐述了高校思政课理论教学考核改革和高校思政课实践教学考核改革等内容；第八章为高校思政课教师队伍建设，主要阐述了高校思政课教师队伍建设的意义、高校思政课教师队伍建设的现状、高校思政课教师队伍建设的路径等内容。

为了确保研究内容的丰富性和多样性，笔者在写作过程中参考了大量理论与研究文献，在此向涉及的专家学者们表示衷心的感谢。

最后，限于作者水平，本书难免存在一些不足，在此，恳请同行专家和读者朋友批评指正！

目　　录

第一章 绪 论

高校思政课作为对大学生进行思想政治教育的主渠道，发挥着立德树人的重要作用。本章分为高校思政课的内涵阐释、高校思政课的科学定位、高校思政课的价值取向、高校思政课的重要性四部分，主要包括高校思政课的基本属性、高校思政课的价值功能、有利于落实立德树人根本任务、有利于增强高校学生主体地位、有利于增强高校思政课的针对性等内容。

第一节 高校思政课的内涵阐释

高校思政课是为实现我国人才培养目标，由国家统一设立，遵循国家统一标准和教学要求，使用统一教材，针对大学生开设的体现国家意志的一系列德育课程。高校思政课是我国高校学生通识课的重要组成部分，是大学生思想政治教育的主渠道，承担着传播马克思主义和中国特色社会主义思想，帮助大学生树立正确的世界观、人生观、价值观，培养合格的社会主义建设者和接班人的重大任务。

2004 年 8 月，中共中央、国务院在《关于进一步加强和改进大学生思想政治教育的意见》中首次提出"思想政治理论课"这一概念。2005 年 3 月印发的《〈中共中央宣传部教育部关于进一步加强和改进高等学校思想理论课的意见〉实施方案》（以下简称"05 方案"）明确规定了高校思想政治理论课课程设置的新方案，本科生高校思想政治理论课包含"马克思主义基本原理""毛泽东思想和中国特色社会主义理论体系概论""中国近现代史纲要""思想道德修养与法律基础""形势与政策"共五门课程。

高校思政课有着与其他专业课程不同的特点。首先，高校思政课的政治性较强。我国高校思政课课程体现了我国的社会主义国家性质，反映了马克思主义的意识形态，是我国国家意志的体现。我国高校是党领导下的高校，是中国特色社会主义高校，在高校开设思政课必须坚持以马克思主义为指导，坚持不懈传播马克思主义科学理论、培育和弘扬社会主义核心价值观。其次，高校思政课理论性较强。高校思政课以马克思主义理论、毛泽东思想、中国特色社会主义理论体系等丰富教学内容为载体，使大学生运用马克思主义的方法论分析问题、解决问题，体现了较强的理论性。再次，高校思政课教学内容更新较快。随着社会的不断发展，国家战略和政策不断丰富和完善，高校思政课的教学内容也必须与时俱进。自"05方案"实施以来，高校思政课教材经历了五次修订，而未能及时编入教材的内容也会在思政课的教学过程中直接融入教学内容中。最后，高校思政课学分学时多，学生的组成多元化。根据"05方案"的要求，高校思政课贯穿大学学习的始终，共16个学分，是大学生通识课中课程最多、内容最广、任务最重的一类课程。同时，由于高校思政课是全体大学生的必修课程，教学对象生源地、文化背景、学科专业的多样性也对高校和思政课教师提出了挑战。

第二节　高校思政课的科学定位

一、高校思政课的基本属性

　　高校思政课隶属于马克思主义理论学科，是高校对青年大学生进行思想政治教育、意识形态教育和文化自信教育的主要课程，具有特定的属性和重要的价值功能。

　　通过查阅文献资料、中央文件以及习近平总书记的相关讲话，笔者认为高校思政课在中国特色社会主义新时代应主要表达出三个意蕴——"思想课""政治课""理论课"。也就是说，高校思政课在新时代应具备三个基本属性——"思想性""政治性""理论性"。

　　首先，"思想性"指的是人进一步追求思想张力和思想境界的性质，是思政课的显著特征，主要体现在高校思政课对大学生的思想进行全方面的关注和引导，以提升大学生的思想穿透力，使之成长为健康发展、和谐发展、主动发展的人。其次，"政治性"解决的是育人的方向问题，它是思政课的根本属性。高校思政课始终秉承着马克思主义的政治立场，向大学生传导正确的政治理念，以提升大学生的政治水平和政治素养，使之明确自己的历史使命，确立远大的政治抱负。最后，"理论性"是思政课的鲜明属性，具有内在的研究范畴、推理范式和逻辑框架，其以马克思主义为基石，帮助大学生将政治话语学理化，用理论深悟原理，培养大学生的理论思维，提高大学生的马克思主义理论素养。

二、高校思政课的价值功能

高校思政课担负着一定的文化责任和文化使命，具有十分重要的价值功能，具体来说，其具有传承、整合创新、育人和引导四个功能。

(一) 继承和发展中华文化的传承功能

高校承担着重要的文化教化任务，高校思政课的实施过程实则是一项文化教育活动，其发挥的最明显的文化作用就是中华文化的传承与发展。首先，高校思政课的根本任务是立德树人，其通过开展具体的教学活动将我国的主流意识形态和主流文化传递给青年大学生，教育大学生、培养大学生、塑造大学生，使大学生了解中华文化，在文化的熏陶下形成正确的价值观念，促进大学生成长成才。其次，高校思政课是马克思主义理论课，在坚持马克思主义指导的同时，其又以中华文化为思想资源，向青年大学生输送文化知识，从某种意义上讲，这也是对中华文化的传承与发展。最后，高校思政课对大学生进行文化教育的目的一方面是促进大学生成长为高素质人才，另一方面是培养大学生的创新意识，引导大学生在对文化进行消化吸收的基础上进行创新和发展。正是在这样的一个过程中，高校思政课实现了其对文化的传承功能。

(二) 融合古今中西文化资源的整合创新功能

高校思政课作为一门严谨的政治课程，其具有的一个重要特征就是与时俱进，能够有效融洽各种文化资源并进行整合创新，显示出强大的包容性。一方面，对于国内的多元文化，其能够进行有效的整合，保留和吸收同质文化因子，批判和扬弃异质文化因子；另一方面，其能够对外来文化中优秀的、符合我国国情的内容进行采纳、整合和吸收，纳入其课程内容之中，实现文化的更新与发展。通过这种方式，高校思政课有效地减少了文化冲突和文化诘难，同时又及时更新了课程内容，实现了文化的丰富和发展。高校思政课在对多元文化进行整合的过程中，必须处理好多元文化与我国主流文化的有效接洽，这就意味着高校思政课要对原有的体系和内容进行一定的调整和再创造，也就是进行文化内容的创新。经过一系列的操作处理，高校思政课实现了对文化资源的整合创新。

(三) 激励大学生成长成才的育人功能

高校思政课是青年大学生三观养成和内在精神世界形成时期的主要课程，直接事关高校"为谁培养人、培养什么样的人、怎样培养人"这个根本问题。可见，高校思政课承担着充沛青年大学生精神世界的重要职责，其利用文化的力量并运用各种方式去熏陶大学生、感染大学生、鼓舞大学生、塑造大学生，解决大学生精神迷茫、信仰缺失等意识形态问题，帮助他们建立正确的文化价值观念和行为取向，激励他们成长成才。因此，高校思政课的育人功能就是通过将文化输出给大学生，充沛大学生的精神世界，完善大学生的知识结构，涵养大学生的道德品格，帮助和引导大学生形成正确的价值观念、成熟的人格品质，实现大学生由"自然人"向"社会人""文化人"的过渡。

（四）增强文化认同的引导功能

思政课的性质、任务以及内容决定了其具有增强大学生文化认同、提高大学生文化认知的引导功能。首先，中华优秀传统文化是高校思政课的重要资源支撑，且高校思政课的教学目标以及它所提倡的道德理念在很大程度上与我国传统文化相融合。因此，在这一过程中，能够自然地提高大学生对传统文化的认知，进而增强文化认同。其次，革命事迹、革命理念和革命精神等革命文化是高校思政课的教学内容之一，课堂讲授的过程也是弘扬革命文化的过程，同时高校思政课通过实践教学，使大学生在亲身体验中感受革命文化的力量，产生文化共鸣，迸发出真挚的情感归属。最后，高校思政课的一个重要任务就是弘扬我国的主流文化，即社会主义先进文化，引导大学生理性地分析和明辨当下各种文化，形成正确的文化价值观，坚守我国主流意识形态阵地，形成文化自觉和自信。

第三节　高校思政课的价值取向

一、培养大学生的文化自信

（一）大学生文化自信的生成机理

1.对中华文化知识性认知的过程

只有形成了对事物的基本认知后，人们才能对事物有一个大致的判断。文化自信的形成并不是与生俱来的，也要经历一个系统的认知过程，这是形成文化自信的基础。从大学生知识掌握的角度来看，他们在进入大学之前的生活和学习阶段中已经或多或少地掌握了一些基本的文化知识，对中华文化有了一些基本的了解。但是，这种认知并不系统，也不清晰，加之大学生社会阅历尚浅，各种价值观念还处于塑造阶段，需要对他们进行文化的细化和强化教育，形成对中华文化的整体认知，这是大学生文化自信生成的第一阶段。

2. 对中华文化形成情感归属的过程

体悟是人们通过外在行为对事物形成的体验和感悟，是人们形成切身感受以及正确认识、判断和评价事物的基础。文化的形态是多种多样的，包括物质形态、精神形态、信息形态等，这些文化形态具有不同程度的可实践、可接触、可感悟、可体验的特征。大学生在形成了比较系统的文化认知的既定事实下，如果不进行一定的文化实践、文化体验，就无法切身感受中华文化的博大精深和独特魅力，难以形成真正的文化自信。文化体悟的过程就是对已有文化信息的理解和诠释的过程，也是对新文化信息的接受和建构的过程。所以，良好的文化体悟能够固化大学生在接受文化教育中形成的文化认知，促使他们在情感上认同中华文化，形成情感归属，为文化自信的生成打下深厚的情感基础，这是大学生文化自信生成的第二阶段。

步入大学的大学生缺乏足够的文化实践，对中华文化蕴含的核心要义、情感寄托、价值取向缺乏充分的理解和体验，零星的文化体验不能使他们建立起一个完整的文化概念，因此，必要的文化体悟是架起大学生与中华文化深入接触的桥梁。大学生通过文化体悟能够接触各种文化形态，认识到我国当前文化构成的复杂性，印证和实践他们所了解、掌握的文化知识，切身感受文化的真实存在，形成情感共鸣，产生文化归属感，为其形成文化自信提供必要条件。

3. 大学生文化自信生成的前提

认同往往是在对几种事物的比较体验中形成的对某一事物的认可。同样，文化认同也是在这样的体验中产生的对其中一种文化的认同行为，这种行为具有一定的选择性和从属性，一旦形成就能够坚定人们的情感意志，产生文化自豪感。大学生文化认同是大学生群体在经历文化认知、文化体悟阶段后对中华文化流露出的正向的情感反馈和表达。如果大学生认同中华文化，那么文化自信自然而然就会生成，如果大学生排斥中华文化、否定中华文化，那么文化自信的建立则无从谈起。因此，帮助青年大学生在多元的文化环境中正确鉴别各种文化，发现中华文化的优势和魅力，形成文化认同，这是大学生文化自信生成的第三阶段，也是大学生文化自信生成的前提。

大学生在形成对中华文化的系统认知并且经历了相关的文化体悟、正向的文化引导的情况下形成的文化认同，会有以下几种表现。一是认同中华文化的历史积淀、时代意蕴和价值取向。二是认同当下的主流文化，即马克思主义的意识形态，从内心深处认同新时代所展现的文化形态和文化主旋律。三是认同中华文化的发展潜力，看好其发展前景，对中华文化的未来发展表现出高度的认同和十足的信心。

4.大学生文化自信生成的标志

文化具有教育功能，能够以文化人、以文育人，通过文化教授将中华文化知识传递给大学生并激发他们的文化创造力是高校教育的职能之一。文化自信表现为对中华文化的高度认同，还表现为以满腔的热情、积极的行动传承和创新中华文化。对文化进行传承和创新是文化自觉、自信的体现。因此，大学生在经历文化认知、文化体悟、文化认同的基础上能够勇担文化使命、积极自主地进行文化承创，是大学生文化自信生成的标志。

大学生进行文化承创是基于内心的自豪情感、承担的文化使命以及时代发展所需，积极热情地践行文化继承、发展和创新的行为。一方面，青年大学生以饱满的热情和高度的自豪感继承中华文化，并积极进行文化交流、文化传播，努力增强中华文化的影响力、感召力、传播力；另一方面，青年大学生努力汲取各种文化营养，吸纳新的文化形式，以脚踏实地的态度和开拓创新的姿态投身于具体的文化实践，实现中华文化的发展和创新，彰显出新时代青年大学生的精神风貌和创造力。

（二）文化自信教育的必要性

当代大学生作为传承和创新中华文化的使者，他们的文化自信状况直接影响着未来社会主义文化建设的走向。通过教育的方式引导大学生树立正确的文化价值观念，积极主动融入社会主义文化建设，不仅有助于塑造良好的社会风气、增强高校思想政治教育的实效性，同时有助于培养担当民族复兴大任的时代新人。

1.有助于塑造良好的社会风气

良好社会风气的塑造取决于全社会是否对自身的文化高度认同。新时代大学生作为社会主义建设的主力军，他们在各行各业中都承担着极其重要的责任，在日常交往过程中也不可避免地影响着其他社会群体的文化价值观和道德修养。高校应通过教育引导大学生弘扬和继承优秀传统文化，提升大学生的文化素养，增强其文化自信，以此带动全社会提高对自身文化的认同度，塑造良好的社会风气。为此，高校借助网络平台在形式、渠道、内容、技术等方面进行了全方位的创新，如开展系列主题团课、建立校园文化专区等，以此激发大学生的参与热情。

良好社会风气的塑造也取决于对外来文化的仔细辨别。新时代背景下，文化发展愈来愈具有多元性和开放性，这给予人们更多文化选择机会的同时，也使其滋生了文化盲从心理。从日常生活角度来看，当代大学生较为推崇西方节日，喜爱吃西餐、看美国大片，追更韩剧、日漫，更有甚者将在不同历史条件下形成的中西文化差异现象当作文化差距来看待，把西方文化奉为更先进、更高级的文化样式而盲目学习模仿，反而将中华文化束之高阁，这是不可取的。因而，高校应通过教育引导大学生增进文化自觉、树立文化自信，帮助他们在中西文化交流中树立正确的态度，以此在全社会弘扬"和而不同""求同存异""开放包容""互学互鉴"的良好风气。

2. 有助于增强高校思想政治教育的实效性

高校思想政治教育是一项涉及理论教育和文化自觉的系统性工程，它的目的就在于培养符合社会发展要求，具有一定道德品质和良好素养的现代化人才。这与大学生文化自信教育有着相似之处，二者都是以马克思主义、习近平新时代中国特色社会主义思想为指导，都是为了教化育人。

高校思想政治教育承担着引导学生认知、认同中华文化，传承和创新中华文化的重要使命，"文化自信"的提出促使高校更加重视文化自信教育，这不仅丰富了高校思想政治教育的内容，也拓宽了思想政治教育的视野。新时代背景下，社会主要矛盾发生了转变，各种新问题不断涌现，思想政治教育如何坚持与时俱进，如何发挥其实效性，成为一个值得我们深入思考的问题。而目前要开展的文化自信教育，通过加深大学生文化认知，促使大学生逐步从思想和心理上形成对文化的认同，潜移默化地引导大学生自觉树立正确的价值观念，以此来增强思想政治教育的实效性。因此，详细地梳理、剖析新时代大学生文化自信教育存在的问题，针对问题对症下药，才能引导大学生形成坚实的文化信仰。这为深化高校思想政治教育改革创新，增强思想政治教育的实效性，更好地实现立德树人提供了重要指导和借鉴。

3.有助于培养担当民族复兴大任的时代新人

大学生作为新时代的建设者，是跨文化交流的主力军，这就对他们提出了新的要求，即追求物质与精神同行，做有本领、有担当的时代新人。抓住大学生价值观念逐步走向成熟的这个关键时期，通过教育的方式引导他们全面把握当前文化国情，树立正确的创新观念，是帮助大学生担当起民族复兴大任的最有效手段。

而高校作为"育新人"的重要阵地，它的根本任务就是立德树人。一方面，高校有义务引导师生及各类社会群体准确把握当前文化国情。把握当前文化国情要用辩证唯物主义的眼光去看待，通过全面、系统地思考，深入发掘文化发展与科学技术的深层次联系。要充分肯定科学技术的发展为文化产品提供的技术支持，尤其是数字虚拟技术的产生，使得人类对文化的想象得以呈现。与此同时，智能手机的普及和互联网技术尤其是5G技术的发展，使得文化产品与算法息息相关，越来越多的文化能够通过摄影、拍照、扫描、存储等数字化途径得以保存和传承下来，进而惠及子孙后代。

另一方面，教育的本质就是引导人们接受先进的思想，以此激发大学生的创新创造能力。要从思想根源上入手，引导大学生改变以往只认识科学技术层面的创新的狭隘思维，树立创新无处不在的价值观念，让大学生认识到中华民族从不缺乏创新思维。中国历史就是一部伟大的创新史，从古代的人才选拔制度到中国的革命道路再到社会主义市场经济体制、"一国两制"等一系列方针政策，中华民族始终保持着积极的创新精神。只有摆脱传统旧思维或富足物质生活的禁锢，勇敢地迈出创新的第一步，才能推动学习、思想乃至社会的进步，这也是避免沉溺于"思维舒适区"的最有力武器。

（三）高校思政课与大学生文化自信的关系

文化自信具有政治和文化的双重内涵，思政课的政治性和文化性具有内在一致性，二者皆指向促进大学生的理性认同、情感归属、行为自觉。此外，高校思政课肩负着塑造大学生品格和促进大学生全面发展的重要任务，而大学生文化自信的提升同样能够提升大学生的品德修养，促进大学生的自我发展。可见，高校思政课与大学生的文化自信存在密切的联系，呈现出高度的契合性，是相互影响、相互促进的。

1. 文化自信是高校思政课的重要内容

高校思政课承担着引导大学生正确地认识世界和改造世界、提高文化认同、进行文化传承和创新、坚定理想信念、锤炼道德品质等一系列任务。为实现这些任务，高校思政课需要融入中华优秀传统文化、革命文化和社会主义先进文化，借助中华文化实现课程功能，且其具有很强的政治性、理论性和思想性，而这些内容恰恰也是文化自信的主要内容和重要来源。可见，文化自信的内容契合高校思政课的教育理念和教育任务，为高校思政课的开展提供了重要的内容支撑，同时文化自信所倡导的精神也为高校思政课提供了价值理念支撑。可以说，高校思政课的开展离不开文化自信，如果丢失了文化自信，高校思政课就失去了内容支撑，就会变成无根的浮萍。正是因为文化自信贯穿了高校思政课的逻辑框架，我们才能打造出立体饱满、丰富生动的思政课。在育人过程中，高校思政课通过输出文化自信的相关内容丰富大学生的精神境界、开阔大学生的文化视野、提高大学生对中华文化的认知。可见，文化自信构成了高校思政课的重要内容。

2. 高校思政课是涵育大学生文化自信的重要途径

涵育大学生文化自信的途径不是单一的，家庭、社会和学校教育都发挥着重要作用，但是其中最为关键的环节是高校的教育与引导。其中，高校思政课是讲授马克思主义理论、传播优秀中华文化、弘扬社会主义核心价值观的主要课程，能够帮助大学生形成正确的政治站位和价值观念，提高文化认知，坚定文化自信。思政课是要促进学生产生文化"自主认知—情感共鸣—意志坚守"的矛盾运动。教育者通过思政课的教学使大学生更进一步地接触中华文化，认同中华文化的内容与价值，传承中华文化的精神品质，推动中华文化的传承与发展。一方面，高校思政课能够使大学生深入地认识马克思主义理论，能够有效地帮助大学生学习马克思主义中国化的最新成果，掌握文化发展的最新趋势，形成正确的政治理论思维；另一方面，高校思政课能够对大学生进行良好的理想信念教育和文化价值观教育，从而促进大学生养成成熟的人格，提高文化定力和文化鉴别力，在文化多元化的发展中坚定他们对本民族文化的信心。

二、给学生心灵埋下真善美的种子

习近平总书记在 2019 年 3 月 18 日召开的学校思想政治理论课教师座谈会上强调，"青少年是祖国的未来、民族的希望。我们党立志于中华民族千秋伟业，必须培养一代又一代拥护中国共产党领导和我国社会主义制度、立志为中国特色社会主义事业奋斗终身的有用人才。在这个根本问题上，必须旗帜鲜明、毫不含糊"。他同时语重心长地指出："办好思想政治理论课关键在教师，关键在发挥教师的积极性、主动性、创造性……思想政治理论课教师，要给学生心灵埋下真善美的种子，引导学生扣好人生第一粒扣子。"全面贯彻落实习近平总书记重要讲话精神，不仅要求我们从学校抓起、从娃娃抓起、从全员全方位抓起，把下一代教育好、培养好，更要求广大思想政治理论课教师从自身做起，在"给学生心灵埋下真善美的种子"上着力，在深入了解学生需求、自觉提升自身素质、进一步突出师德建设等方面下功夫。

第一，要在深入了解学生现实需求的基础上，帮助学生准确认识新挑战新机遇，切实改进思政课教学手段和方式。当今世界正处在信息革命的浪潮中，人工智能、大数据、互联网等新技术的发展对当代大学生产生了巨大的影响，大学生认识世界、改造世界的方式也在不断变化。一方面，数字化发展、高科技的进步实现了教学资源更大范围的共享，促进了教学质量的提高，丰富了高校思想政治理论课的内容；另一方面，信息技术的发展给课程教育带来便利的同时也带来了严峻的挑战，最主要的是对传统教学方式、教学内容的冲击，在一程度上削弱了传统思想政治理论课的实施效果。所以，当前广大思想政治理论课教师要深刻把握"培养什么人、怎样培养人、为谁培养人"这个根本问题，及时了解、把握学生的所想所需，及时认识时代的发展变化，创新教学方法，运用多样化的教学手段引导学生提升对思想政治理论课的认同，从而促使学生的思想素质得到全面提升，自觉担负起民族复兴大任，努力使自己成为合格的社会主义事业建设者和接班人。

第二，思想政治理论课教师要在自身素质提升上下功夫。"师垂典则，范示群伦""给学生心灵埋下真善美的种子"，思想政治理论课教师的责任重大。思想政治理论课教师要努力提升自身素质，争做"四有好老师"。习近平总书记到北京师范大学看望教师和学生时强调，全国广大教师要做有理想信念、有道德情操、有扎实知识、有仁爱之心的"四有好老师"。"四有好老师"不仅包含了习近平总书记对教师整体的肯定，也是习近平总书记对每一位思想政治理论课教师知识素质、理论素质与教育教学能力的信赖、期许和要求。当前，广大思想政治理论课教师要自觉担负起立德树人和铸魂育人的历史使命，不能仅仅把思想政治理论课教学看作一项工作，要努力把它上升到信仰层面，将它作为一种理想追求和责任担当。

三、落实习近平"讲好中国故事"的论述

（一）落实习近平"讲好中国故事"论述的必要性

1. 提高中国国际话语权

讲好中国故事，主动宣介中国，积极引导舆论。习近平总书记指出："我国综合国力和国际地位不断提升，国际社会对我国的关注前所未有，但中国在世界上的形象很大程度上仍是'他塑'而非'自塑'，我们在国际上有时还处于有理说不出、说了传不开的境地，存在着信息流进流出的'逆差'、中国真实形象和西方主观印象的'反差'、软实力和硬实力的'落差'。要下大气力加强国际传播能力建设，加快提升中国话语的国际影响力，让全世界都能听到并听清中国声音。"习近平总书记提出"讲好中国故事"论述的重要原因就在于我国的国际舆论传播能力较弱，世界呈现"西强东弱"的舆论格局，国际话语权严重缺失，"失语"现象尚未消失，若这一问题得不到切实的解决，中国将会长期面临"挨骂"问题。据此，习近平总书记强调："要着力推进国际传播能力建设，创新对外宣传方式，加强话语体系建设，着力打造融通中外的新概念新范畴新表述，讲好中国故事，传播好中国声音，增强在国际上的话语权。"因此，进入新时代，为了实现国际舆论传播能力更上一层楼，就需要着力加快其建设速度，增强"讲故事"的本领，完成从"外国人讲中国"到"中国人讲中国"的转变，积极主动向世界宣介中国，让世界了解真实的中国，让中国话语对国际社会产生更大的影响力。现在，已经有很多国际友人能够通过多渠道正面了解中国，并为中国的发展点赞，所以，我们更要顺着这个良好的趋势，坚持不懈做好对外宣传工作，开拓更多中外交流渠道来讲好中国故事，构建与国家"硬实力"并驾齐驱的国际话语权。

2. 增强中国文化软实力

讲好中国故事，传播民族文化，弘扬中国精神。习近平总书记强调："我们要提高国家文化软实力，就必须使当代中国价值观念走向世界。要加强提炼和阐释，拓展对外传播平台和载体，把当代中国价值观念贯穿于国际交流和传播方方面面。"对外讲好中国故事是扩大中华文明影响力的重要渠道，是将中华民族历久弥新的优秀文化进行传播的有效渠道。我国的传统文化是巨大的精神瑰宝，具备强大的精神内核，是民族的发展根脉，培育了中华儿女优良的道德品质、深厚

的人文精神，同时也能为推动人类社会发展提供养分。因而，我们要充分挖掘民族文化，提炼并展示出精神标识以及对世界发展有促进作用的文化精髓。

3. 树立中国的大国形象

讲好中国故事，明确中国立场，树立大国形象。习近平总书记指出："我们国家发展成就那么大、发展势头那么好，我们国家在世界上做了那么多好事，这是做好国际舆论引导工作的最大本钱。我们有本事做好中国的事情，还没有本事讲好中国故事？我们应该有这个信心！"习近平总书记提出"讲好中国故事"的一个重要原因在于我们作为负责任大国的国家形象被西方舆论曲解、误解，西方出现了不绝于耳"唱衰"中国的论调，在世界范围内毫不负责任、毫无事实依据地大肆渲染"中国威胁论""中国霸权论"。因此，需要让国际社会全面了解我国为推动人类文明向前发展做出了大量的卓越贡献，同时也要传递未来中国还将会持续为之做出贡献。中国在实现自身快速发展的同时，没有忘记带动周边各国的发展，没有忘记同为发展中国家的兄弟姐妹，更没有忘记世界各国同住在一个星球，为此，习近平总书记提出构建"人类命运共同体"。中国从来都不是用"嘴"行动的，而是真心实意地开展有效的行动，尽自己最大努力帮助世界和平发展。此外，习近平总书记在中外众多重要的国际场合进行演讲时，都会谈到和平发展是中国对外交往的"主旋律"，会始终如一地走这条能够实现共赢的光明道路。习近平总书记在党的十九大报告中掷地有声地讲道："中国将高举和平、发展、合作、共赢的旗帜，恪守维护世界和平、促进共同发展的外交政策宗旨，坚定不移在和平共处五项原则基础上发展同各国的友好合作，推动建设相互尊重、公平正义、合作共赢的新型国际关系。"讲好中国故事，把我们为推进世界和平发展所做出的贡献用故事的形式，喜闻乐见地表现出来，根据听众的差异化，有的放矢创新故事的表达方式。讲好中国故事，搭建中国与世界的心灵桥梁，沟通内外，实现情感共鸣，在世界上树立起我国负责任的大国形象。

4. 提振中华民族精气神

讲好中国故事，传播中国正能量，提振民族精气神。习近平总书记指出："当高楼大厦在我国大地上遍地林立时，中华民族精神的大厦也应该巍然耸立。"人无精神不立，国无精神不兴。自古以来，中华儿女就有自立于天地的精气神，有中华民族独特的民族意志、风格品质和精神气质。中华民族的精气神就是鼓舞中华儿女奋力拼搏的正能量。在新时代，中华民族精气神不仅能够凝聚民族意志，还能够引领积极向上向善的社会风尚，为实现民族的伟大复兴注入正能量。因此，我们要将发生在华夏大地上的振奋人心、感天动地的中国故事按照时代发展的潮流和要求进行创造性转化和创新性发展，要对优秀的中国故事内在的理论逻辑开展必要的深化拓展，使之不断焕发新的生机，以此合乎新时代的发展需求，加大中国故事的宣传教育力度。习近平"讲好中国故事"论述要求不仅要对外讲好中国故事，提高中国的国际话语权、增强我国的文化软实力、树立中国的大国形象，还要对内讲好中国故事，要深刻反映党领导人民实现站起来、富起来、强起来的伟大的奋斗史诗，要深刻解读新中国七十多年来所发生的历史巨变蕴含的理论逻辑，要深刻剖析中国特色社会主义的巨大优势，用中国理论解读中国实践，让全体中华儿女深切地体会到我国发生了翻天覆地的变化，积极传播中国正能量，振奋中华民族的精气神，为中华儿女提供强大的精神激励。

（二）落实习近平"讲好中国故事"论述的策略

在我国高校思想政治教育中，思政课一直是思想政治教育的前沿阵地，肩负着弘扬社会主义核心价值观、传播正能量、维护高校意识形态安全的重要使命。党的十八大以来，党和国家高度重视讲好中国故事。在高校思政课堂上讲好中国故事具有重要的现实意义。

随着科技的进步和时代的发展，思政课教师应适时而动，积极创新授课方式，通过整合教学资源、创新教学理念、强化社会主义核心价值观的价值认同、运用现代教学技术等方式讲好中国故事，切实增强思政课的实效性。

1. 坚持理论联系实际

习近平"讲好中国故事"论述强调，用实事求是的道理征服人。习近平总书记指出："事实就是事实，公理就是公理。在事实和公理面前，一切信口雌黄、指鹿为马的言行都是徒劳的。黑的就是黑的，说一万遍也不可能变成白的；白的就是白的，说一万遍也不可能变成黑的。一切颠倒黑白的做法，最后都只能是自欺欺人。"因此，习近平总书记在讲中国故事的时候十分注重讲事实、摆道理，坚持理论联系实际，善于将经过实践检验的道理与中国的发展历程进行有效结合，以故事为载体向世界传播。这就让中国故事有了科学真理的力量，更加有说服力，让人们相信中国故事的真实性，让人们认识真实的中国。

目前，高校思政课的理论与实际的融合度不足。坚持理论与实际相结合是我们党的"传家宝"，也是思政课教学要始终坚持的基本原则。思政课的理论教学要联系深刻的历史实践素材以及鲜活的生活实践素材，增强思政课的说服力、感召力，让高高在上的科学理论接地气，让空洞的理论知识血肉丰满、充满活力，唯此才更容易被大学生认可接受。然而，讲好思政课不容易，其教学内容具有政治属性，所以思政课教师在上课时会"紧扣"教材内容，保证教学在正确的政治方向上具有科学性。但是，部分思政课教师照搬教材，做课本的"复读机"，让思政课堂变成了简单灌输、宣讲政策文件，使思政课教学没有生命、干巴巴的，对大学生的说服力不足，难以激起大学生的兴趣。还有些思政课教师虽然没有把教材当作全部内容，却在引用故事时"囫囵吞枣"，没有深入挖掘故事中的真理，不仅忽视了对大学生所提问题的答疑，还让大学生听课时云里雾里。

因此，高校思政课教学应该有效借鉴习近平"讲好中国故事"论述，坚持"以理服人"，要将理论与实际有效结合。高校思政课向大学生传递的都是实践验证过的科学的知识，来源于现实，为了让大学生加强理解增进认同，也应该让理论知识回归现实，使其焕发活力。这就要求高校思政课教师要把科学的理论体系用深刻的历史素材和鲜活的生活素材展现出来，直面社会现实问题，解开大学生思想中的困惑点与疑难处，提升思政课的吸引力和感染力，用真理和信仰的力量感染大学生。实现理论与实际有效融合，不仅能彰显理论教学的科学性和真实性，也能促进大学生巩固理论知识，有利于帮助大学生解开理论教学中的学习疑惑，有利于帮助大学生验证理论教学观点的真伪，能够更好地帮助大学生将所学的思政理论知识转化为日常生活中和学习中的自觉行为，切实提高思政课的育人功能。

2. 充分发挥情感力量

习近平"讲好中国故事"论述强调，用情真意切的情感触动人。真情实感的流露能为中国故事注入强大的情感力量。这股力量总能在人们进行理性思考之前就冲击着内心深处，实现情感上的共鸣。因此，习近平总书记在讲中国故事的时候总是充满真情实感，坚持"以情感人"，善于将情感作为增进人与人之间紧密关系的桥梁。让中国故事充满情感力量，有助于中国故事跨越文化差异、种族差异、年龄差异的障碍，从而触动人们的心灵。利用情感讲故事不仅能进一步彰显中国故事的感染力，也能极大促进人们从内心真正地认可中国，为中国点赞。

当前，高校思想政治教育教学中的情感作用还需要进一步强化。高校思政课是一门育人化人的课程，教师在进行教学时要以情优教、以情感人、以情育人，对大学生充分流露出关怀、爱、欣赏等教育情感，营造起师生间温暖的情感氛围，深化大学生对思政课教学的情感体验，让"知"和"情"并驾齐驱，从而推动"知情意行"的融合。

高校思政课应该有效借鉴习近平"讲好中国故事"论述，坚持"以情感人"，讲好思政。新时代的高校思政课教师要帮助大学生成长为"四有"新人，就要勤勤恳恳"教书"，饱含深情"育人"，要将真挚的情感下沉到教书育人过程中，用情感感染大学生，用真心关爱大学生。只有思政课教师用积极情感讲好思政课，才能做到心中有信仰、眼里有学生。用爱灌溉、用心教学，不仅能够彰显思政课教师的情怀和人格魅力，也能促进大学生以情明理，进而实现将对理论知识的情感认同转化为价值认同。

3. 思政课要创新教学话语表达

习近平"讲好中国故事"的论述强调用生动形象的话语打动人。习近平总书记指出，"要多用外国民众听得到、听得懂、听得进的途径和方式，积极传播中华文化，阐发中国精神，展现中国风貌，让世界对中国多一分理解、多一分支持"。因此，习近平总书记在讲中国故事的时候十分注重话语表达的推陈出新，坚持"以话动人"，善于运用生动形象的话语表达中国的改革发展历程，一改以前的直白叙述，同时，也会融入一些与听众的文化习惯相符合的话语内容，让中国故事增添新意、焕发活力、简单易懂，进一步彰显中国故事的感召力，使其真正打动人心，让人真想听、真愿听、真乐听，让人们能够透过中国故事感受一个立体的中国。

目前，高校思政课教学话语表达创新有待提高。高校思政课的教学要开展主流意识形态教育，要塑造大学生成为党和国家事业发展的追随者，要发展大学生成为积极投身新时代伟大实践的奋斗者。所以，思政课教学的话语体系要具有意识形态属性，教学话语表达要体现出政治性和学理性。但是，思政课要想说服大学生、引领大学生，还应该塑造有魅力且生动形象的话语表达，提高教学话语的感召力，强化话语表达的吸引力，让教学在"有意义"的基础上更加"有意思"。当代大学生崇尚自由、喜欢标新立异，每个大学生都有自己喜欢的话语表达风格。但是，高校思政课普遍采用大班授课，为了照顾到所有大学生，也为了完成教学任务，教师教学话语的表达偏向于单一的理论灌输，倾向于单纯的学术讲解，在一定程度上忽视了大学生所喜欢的网络语言，未能将大学生乐用的"话梗""桥段"等融入教学话语表达中，使得教学话语表达的"热度"不够，缺乏趣味性、生动性，造成大学生对思政课的价值引领功能的认同度低，使大学生在思政课上出现"不爱听""不想听""懒得听"的学习心理。

因此，高校思政课应该有效借鉴习近平"讲好中国故事"论述，坚持"以话动人"，讲好思政课。思政课教师作为思政理论知识传播的主体，要坚守在时代前沿，紧跟时代发展，加强创新意识，不断创新教学话语表达，主动接触网络流行语，将大学生感兴趣的新鲜话语融入思政课教学的话语表达中，始终保持与大学生的话语表达思维同频共振。只有让教学话语表达得生动形象才能真正打动大学生，有利于实现言之有趣，提高理论知识的魅力，有利于构建诙谐幽默的教学气氛，有利于释放教学的活力，提升大学生的学习热情。

第四节　高校思政课的重要性

一、有利于落实立德树人根本任务

（一）立德树人的内涵

立德树人指的是树立德行、培养人才，它是习近平总书记站在国家角度上，对高校"培养什么人""怎样培养人""为谁培养人"的科学回答。

党的十八大以来，习近平总书记十分重视高校的道德教育问题，不断强调大学生要立德、修德、践德。他指出："一个人只有明大德、守公德、严私德，其才方能用得其所。"大学生要实现高尚的道德，就要明大德，即坚持中国共产党的领导，坚持马克思主义信仰，坚定理想信念，为实现中华民族伟大复兴而积极奋斗；守公德，即在参与和进行社会活动时，要自觉践行公民道德的价值要求；严私德，即严格约束自身的操守和行为，锤炼意志品质，提升个人道德修为。高校立德树人还包含对社会主义核心价值观的尊奉与践行。习近平总书记指出："核心价值观，其实就是一种德，既是个人的德，也是一种大德，就是国家的德、社会的德。"这个论述使我们更加明确立德树人的深层含义和它的思想精髓。

在回答国家最终要培养什么样的"人"这一高含金量的问题时，党的十八大报告曾指出："要坚持教育优先发展，全面贯彻党的教育方针，坚持教育为社会主义现代化建设服务、为人民服务，把立德树人作为教育的根本任务，努力培养德智体美全面发展的社会主义建设者和接班人。"习近平总书记讲到了树人的具体含义，即"培养社会发展所需要的人，说具体了，就是培养社会发展、知识积累、文化传承、国家存续、制度运行所要求的人"。由此，高校的树人工作要将"德育"放在首位，通过增强大学生的知识本领，提高其道德品质，全面提升大学生的综合素质，使大学生成长为优秀的人，能够满足社会对知识型、技能型、创新型人才需要，成为合格的建设社会主义现代化强国的国之栋梁。

高校的立德树人就是在坚持学生的根本利益和重点关注他们的道德发展的基础上，肩负起为国育人育才和为党培养优秀后继军的重大责任，全面提升我国高等教育的水平，有效推动科学技术的创新和一流高新尖技术产业的建设，提高我国整体人才质量的同时促进中华民族的繁荣发展。

（二）高校思政课与立德树人根本任务的关系

思想政治理论课是落实立德树人根本任务的关键课程。青少年阶段是人生的"拔节孕穗期"，最需要精心引导和栽培。思政课对于大学生的成长成才具有重要意义，其作用不可替代。"马克思主义基本原理"主要帮助学生深刻领会、准确把握马克思主义的根本性质和整体特征，学习和掌握马克思主义的立场、观点、方法，提升运用马克思主义基本原理分析世界的能力。"毛泽东思想和中国特色社会主义理论体系概论"主要引导学生深刻理解中国共产党为什么能、马克思主义为什么行、中国特色社会主义为什么好。"中国近现代史纲要"主要帮助学生了解党史、国史、国情，深刻领会历史和人民选择马克思主义、选择中国共产党、选择社会主义、选择改革开放的必然性。"思想道德与法治"主要帮助学生筑牢理想信念之基，培育和践行社会主义核心价值观，传承中华传统美德，弘扬中国精神，尊重和维护宪法法律权威，提升思想道德素质和法治素养。"形势与政策"则主要引导大学生正确认识世界和中国发展大势，正确认识中国特色，正确认识时代责任和历史使命。以上这五门课程各有侧重，目的都在于为国家培养人才。"青年一代有理想、有本领、有担当，国家就有前途，民族就有希望。"中国特色社会主义进入新时代，我国开启了建设社会主义现代化国家的第二个百年奋斗目标，对担当民族复兴大任人才的需求比历史上任何时期都要大，加强高校思政课建设非常迫切。

"要把立德树人的成效作为检验学校一切工作的根本标准"，指出了高校立德树人的崇高使命。办好思政课，最根本的是要全面贯彻党的教育方针，解决好"培养什么人、怎样培养人、为谁培养人"这个根本问题。高校思政课要着重引导学生树立社会主义核心价值观，引导学生坚定中国特色社会主义的共同理想和共产主义的远大理想，树立正确的三观，把自身的成长发展同祖国的前途命运结合起来，立鸿鹄之志，做新时代的奋斗者，这是新时代赋予高校思政课的神圣使命。高校思政课通过对学生进行中国特色社会主义理论体系教育、优秀传统文化教育、革命文化教育、社会主义先进文化教育，向大学生讲述我国人民在党的领导下取得的一系列发展奇迹，把大学生紧密团结在党的周围，激励他们更加努力地学习科学文化知识，更加积极地进行学术科研，注重自身综合素质的提升，不断提高自身为中华民族伟大复兴、为社会主义现代化建设服务的意识和能力，争做时代新人。

二、有利于增强高校学生的主体地位

（一）高校思政课学生的主体性特征

思政课学生主体性的特征是指学生在教学活动中有意识有目的地参与教学活动时所表现出的特征，也就是主体性发挥时所产生的表现。学者们对于学生的主体性特征有着自己不同的理解，有学者认为主体性主要体现在自觉性、能动性和创造性三个方面。自觉性是指个体能主动或自愿执行目标任务的意愿程度；能动性是指个体在与客体发生互动时能动地认识客体，在活动中掌握发展规律来认识客体、改造客体；创造性不仅是指个体在此基础上对事物的超越，同时也是对自己的超越。创造性是主体性特征中的最高表现。也有学者认为主体性的特征就是主体在实践活动中所表现出来的自主性、自觉性、能动性、创造性。在学者们对于学生主体性特征的不同阐述中，可以看出他们大都认为主体性是人参与活动的高级表现，任何活动中都要注重人的主体性的发挥，教学活动更是如此。主体性特征是受教育者在教学活动中积极参与、自我调节、自我学习时所表现出的特性，是在教学活动中学生对教师所传授的知识进行同化和顺应时所要具有的特性。所以，笔者认为高校思政课中学生的主体性特征主要表现在自觉性、自主性、能动性、创造性四个方面。

1.自觉性

自觉性是指执行任务的意愿程度。自觉性是个体积极主动、自愿完成目标任务，由内而外地参与任务的完成，内在表现为完成任务的决心，外在表现为参与任务的积极性。思政课学生主体的自觉性是指学生在学习思政课时的参与度，是否有积极主动、自愿将知识内化的信念，而外在表现为对思政课堂的参与热情。学生的自觉性是由内而外形成的，如果学生对思政课没有认同感，没有为自己设定学习预期，那么自觉性自然不高。学生的自觉性直接影响着学习的效率，也影响到其他主体性特征的发展。因此，学生学习自觉性的培养极为重要。

2. 自主性

思政课中学生的主体性特征集中表现为学生必须具备自主性。自主性在于学生参与教学活动时要具有独立自主意识，不以教师的意志为转移，有自己的学习经验和思考方式。在这基础上教师要对学生进行适当的启发引导，帮助学生确立明确的学习目标和积极的学习态度，让学生找到适合自己的学习方法。学生要在教学活动中独立地去感知教材、理解教材、运用教材、巩固教材，自我主动消化知识为自己的经验并通过实践加以运用。学生的自主性还体现在自我发展学习能力上，学生要进行自我支配、自我调节、自我反思，不断对自身学习程度进行概括总结，主动发现自身存在的问题，正确认识自我。对于教师所传授的错误知识点，学生要能勇于质疑，敢于向教师陈述自己的疑惑。因此，自主性主要体现在学生自我学习、合作学习、探究学习的能力上，教师在教育教学活动中要充分调动学生学习的自主性，增强学生的主体性地位。

3. 能动性

学生主体性的能动性特征表现在个体对教学活动的反馈上。所谓能动性就是学生根据事物的变化发展而产生的一种反应。在教学活动中，学生将自己在思政课上所获得的知识进行整合、归纳，并能根据自身的发展情况对学习进程和学习方法进行自我调节。学生主体性的能动性特征同时也体现在学生能在学校要求的教学活动中有意向地积极参与学习。总的来说，学生能灵活运用学习策略，主动学习知识，善于对知识进行总结，合理地安排自己的学习进度和学习顺序，对自己以后的学习进程有目标、有步骤地进行规划。

4. 创造性

学生主体性的创造性特征包含了两层含义，即对事物的超越和对自己的超越。对事物的超越体现为学生在学习的过程中能运用已有的知识和想象改造事物，把旧事物改造成新事物。对自身的超越是指主体对自我的改造和发展，属于自身的否定之否定，创造性同时也体现在自身的发展上。对于教师而言，学生主体性的创造性需要教师不断启发和引导，以便激发学生的发散思维和创新能力。对于学生来说，创造性体现为能灵活运用知识，想象力丰富，敢于发表和别人不一样的意见，能运用已有的知识经验解决问题。总体而言，创造性更加注重学生的学习过程和学生的思维能力。

（二）学生主体性增强的意义

学生主体性的凸显是深刻把握教学规律、加强和改进教学工作、满足学生自身发展需要的必然要求。正确把握思政课教学中学生主体性对于增强教育的针对性、完成立德树人的根本任务、提升教学效果、促进学生全面发展具有重要意义。

1. 有利于增强思政课的教学效果

思想政治教育教学是师生共同参与的活动，离开任何一方都不能称为完整的教学过程。在确保教师发挥主导作用的前提下，学生的主体参与尤为重要，其参与程度直接影响着教学效果和自身的获得感、体验感。正如教育家巴班斯基所说："如果没有学生自己的学习，任何教学也不会产生预期的教学效果。"也就是说思政课教学能否取得良好的教学效果，很大程度上取决于学生能否自主实现知识的内化。

一方面，学生发挥主体性，参与教学是提升获得感的必要条件。思政课要想提升学生的获得感，取得真正的实效，就必须提高学生的参与意识，让思想政治教育成为学生自己的需要。需要和动机理论表明学生主体性的发挥与其需要和动机成正比，动机越强，学生参与教学的能动性就越高，主体性的发挥就越充分，获得感、体验感也会越强。学生只有意识到思政课于个人生存发展的意义和价值，对思政课形成正确认知，对教育内容、价值标准自觉认同、认可后，才会产生强烈的情感认同，进而调动积极性，进行教育和自我教育，提升思想道德境界和理论知识修养，在教学中有所收获。反之，如果学生不能对思政课的教学内容、教学价值产生认同和共鸣，难以积极参与教学活动，配合教师完成教学任务，那么教学效果必然也不会太理想，学生的收获感也甚微。因此我们认为，学生只有充分发挥主体性，实现知情意行的全面参与才能真正有所学、有所得、有所获，才能将教育内容内化为意志信念，外化为行为实践。如果不能主动地认知体验，从内心情感上认同和接受教育内容，就不会将所学知识植根于自己的价值体系，自觉转化为行为习惯。

另一方面，学生主体性的彰显也会促使教师提升教学水平。学生主动接受教育的行为反过来会以一定的方式诸如提问、质疑、对话等影响教师，促使教师反思教学中存在的问题，不断改进教学方式，提升教学热情和水平，进而又对学生主体性的增强起到促进作用，使学生主动将外在的观念和规范内化为自身的信念素养，将所学知识、方法用于指导现实工作，做到知行合一。最终形成教与学的合力，实现教师乐教、学生乐学的良性循环。

2. 有利于促进学生的全面发展

马克思关于人的全面发展的理论告诉我们，人的发展根本上是人的主体性的发展。那么在思政课教学过程中培养学主体性将有利于促进学生的全面发展。传统思政课教学过分强调教师的中心地位和作用，忽视了学生的主体参与、情感体验和观点表达，极大地遏制了学生主体性的发挥，一定程度上抑制了学生的全面发展。当今社会呼唤个性和创造力，对学生的综合素质和能力提出了越来越高的要求，只强调价值准则、行为规范、道德要求显然是行不通的，还必须为学生个性化和人格的发展创造空间。学生作为自我发展的主体，其主体性的发挥有利于实现个性化发展，塑造健全人格，形成良好的道德和品质。

（1）实现个性化发展

个性发展是指学生在思想、性格、兴趣等方面形成的不同于他人的特质，是个人内在潜力的张扬。马克思关于人的全面发展的学说内容之一就是个性的自由发展，个性发展是人的全面发展的应有之义，我们的教育要培养全面发展而富有个性的人。换言之，思政课不仅要传授给学生满足个人成长发展和适应未来社会发展所需要的专业知识和技能，使学生形成相应的思想道德素质，还要为学生的个性发展提供空间，使其既德才兼备又保持个性。当代青年学生思维活跃，思想超前，问题意识强烈，想象力丰富，观点新奇，经常以批判性的眼光和思维审视社会现象和问题，具备一定的甄别和选择整合能力。只有更好地发挥自身主体性，积极参与教学，主动探索知识，才能在思考、合作、交流、争辩中提升能力，展示自我，实现自由自主发展和个性的张扬。

（2）塑造健全人格

人格是指人的性格、气质、能力等特征的总和，培养学生的健全人格，使学生拥有较高的思想素质、良好的道德品质、高尚的人格修养和积极进取的意志，是我们思想政治教育的重要目标之一。在教学中充分发挥自主性、能动性和创造性，有利于学生意识到自身的主体地位，主动学习，自主实践，形成正确的自我认知，掌握自我调控和管理的方法，提升主体能力，塑造主体人格。同时学生主体意识的增强还有助于找准自我定位，丰富精神世界，自觉增强责任感、使命感，自教自律，勇于面对挫折和困难，树立正确的奋斗目标和人生理想，不断激发自身潜能，实现自我超越，做一个自尊自信、乐观向上的青年。

（3）形成良好的道德品质

"育人为本，德育为先"和立德树人的根本任务揭示了德育的重要地位，强调了德性的发展是人的全面发展的根本保障，同时也说明了道德品质的发展对于学生的全面发展具有重要作用。思政课课堂教学是实现学生道德品质发展的主渠道，学生的积极参与又是实现自身发展的关键因素。因此只有充分发挥学生主体性，从马克思主义理论中汲取智慧，掌握马克思主义的立场、观点和方法，涵养道德认知，将道德规范内化为自身的信仰与德性，外化为德行，才能增强道德判断能力，提高遵守规范的自觉性，做到知行合一、言行一致。

第二章　高校思政课的历史与现状

高校思政课建设坎坷与坦途并存，与新中国同向同行，走过了一段不平凡的道路。

第一节　高校思政课的历史发展

一、初期探索阶段

自 1949 年教育部成立就把思想政治理论教育课程的建设作为重点工作内容。同年 12 月 23 日教育部召开了全国教育工作会议，其主要内容：一是给新教育定性，区分新教育与旧教育，强调新教育的性质就是新民主主义；二是提出新教育的建设要以老解放区教育为基础，吸收原来旧教育的有用经验，以及借鉴苏联教育建设的先进经验。1950 年 6 月教育部的全国高等教育会议通过了《关于实施高等学校课程改革的决定》，开始废除政治上的反动课程，开设新民主主义的革命政治课程。根据全国教育工作会议和全国高等教育工作会议的主要内容和精神，各大高校先后开设了社会发展简史、新民主主义论等一些思想政治理论课程。初步的课程设置拉开了我国高校思想政治理论课程建设的序幕。

1952 年 10 月，为了提升学生的理论教育水平，教育部颁发了《关于全国高等学校马克思列宁主义、毛泽东思想课程的指示》，论述了全国高等学校怎样开办马克思列宁主义、毛泽东思想课程以及明确了学期、课时等内容，要求不同的高校类型、不同年级开设不同的课程，并要求各类型高等学校及专修科（一年的专修科除外）自 1953 年起开设"马列主义基础"这门课程。在这一时期，部分课程内容出现了重复，为了解决这个问题，教育部在 1953 年下发了《关于改"新民主主义论"为"中国革命史"及"中国革命史"的教学目的和重点的通知》。

通过教育部的统筹协调以及相关文件的出台，高校的政治理论课建设第一次有了比较系统规范的课程教学体系。

1956年社会主义改造基本完成，为了适应社会主义现代化建设的需要和其他新形势，我国高校马克思主义思想理论教育课程的设置也随之发生了变化。当时的教育部、高等教育部在1957年12月联合发布了《关于在全国高等学校开设社会主义教育课程的指示》，要求各高校、各年级、各培养层次的学生停止学习政治理论课程，统一学习社会主义教育课程。当时这个指示取消了原有的4门思想政治理论课程，片面地学习毛泽东同志的"关于正确的处理人民内部矛盾的问题"，在一定程度上阻碍了思想政治理论课程的整体建设。

1961年4月，中宣部和教育部为了贯彻党的"调整、巩固、充实、提高"的方针，制定了《改进高等学校共同政治理论课程教学的意见》，该《意见》提出高等学校应该有共同的政治理论课程，在不同学校课程开设的门数和学时应该有所不同。从此我国高校思想政治理论课程的建设出现了差异性发展，这也是探索不同高校发展思想政治理论课程不同途径的开始。

二、曲折发展阶段

这一阶段受"文化大革命"的影响，高校思想政治理论课程教学出现了偏离现象。1964年10月，中宣部党组、教育部临时党组共同拟定了《关于改进高等学校、中等学校政治理论课的意见》，要求高校对青年进行无产阶级的阶级教育，与资产阶级进行斗争，并且要求高等学校政治理论课增设"中共党史""哲学""政治经济学"等课程。不仅如此，中国高校思想政治理论课遭到了严重破坏，高校思想政治教育教学体系被大规模破坏，甚至名存实亡。

三、稳定发展阶段

首先，这一阶段充分肯定了新中国成立以来思想政治理论课在高校中发挥的重要作用，对动荡时期的破坏行径进行了批判，重新明确了思想政治理论课的目的和任务，使高校思想政治理论课建设回到正轨。

其次，这一阶段恢复并加强了对马克思主义经典著作的编译和出版工作，相继出版和修订了《列宁全集》《马克思恩格斯全集》《毛泽东著作选读》，并且组织专家学者开始了对马克思主义经典作家、马克思主义经典著作的研究。

再次，在此阶段，马克思主义的研究与教育得以恢复与发展。1977年10月，全国统一考试恢复后，我国高等院校相继开设了马克思主义专业，尤其是中央直属院校还成立了马克思列宁主义、毛泽东思想研究所，同时首次将"思想政治教育"列入本科专业目录，并开始在部分高校增设了"思想政治教育"硕士、博士研究生专业。

最后，在十一届三中全会期间，关于"真理标准"的大讨论使学术界受到了思想上的大解放，对毛泽东思想、社会主义初级阶段理论、社会主义市场经济理论等进行了早期的探讨。

四、全面发展阶段

1993 年，中组部、中宣部、国家教委发布了《关于新形势下加强和改进高等学校党的建设和思想政治工作的若干意见》，要求在理论联系实际、"少而精"和"要管用"的基本原则下加强和改进"两课"教育，重点改进教学内容和方法。

紧接着在 1995 年，国家教委相继发布了《关于高校马克思主义理论课和思想品德课教学改革的若干意见》和《中国普通高等学校德育大纲》两个文件，各高校在落实国家相关文件的过程中，积极探索教学改革，"两课"开始形成了结构比较合理、内容相互补充的教学体系。同年，国务院学位委员会、国家教委将"两课"的相关学科整合成"马克思主义理论教育与思想政治教育"一门学科，隶属于法学。

为了充实马克思主义理论课程的内容，1998 年中宣部、教育部发布了《关于普通高等学校开设"邓小平概论"课的通知》，并且在党的十五大上，把邓小平理论确定为党的指导思想，在高校开设"邓小平理论概论"课程，进一步推动了高校思想政治理论课程方案的完善。为了进一步完善这一学科的课程设置、教学方法，1998 年，中宣部和教育部印发了有关高校思想政治教育课程改革的"98 方案"。

2005 年，国务院学位委员会、国家教委通过文件要求，在马克思主义理论教育与思想政治教育一级学科下，设置马克思主义基本原理、马克思主义发展史、马克思主义中国化研究、国外马克思主义研究、思想政治研究教育 5 个二级学科。

到了 2008 年又增设了中国近现代史基本问题研究为二级学科，这个阶段总体上形成了一个一级学科和六个二级学科的基本体系。

五、整合创新阶段

党的十八大以来，我国建设进入了新世纪的新阶段，以习近平同志为核心的中央领导集体在总结中国经济、社会、文化等建设历史经验的基础上，提出和阐述了"习近平新时代中国特色社会主义思想"，充分呈现出了马克思主义中国化的伟大成果和伟大进程。高校对思想政治理论课程的研究和建设展现出了新时代特征。

这一阶段，不仅成立了许多习近平新时代中国特色社会主义思想研究机构，如习近平新时代中国特色社会主义思想研究所等，而且论述出版了习近平新时代中国特色社会主义思想相关的学习文献和著作，如《习近平总书记系列重要讲话》《习近平治国理政》。在全国各地的高校中都出现了学习和宣传习近平新时代中国特色社会主义思想的热潮。为了进一步扩大思想政治教育的成果，党中央从"培养什么人、如何培养人、为谁培养人"的战略高度，制定发布了《普通高校思想政治理论课建设体系创新计划》《高等学校思想政治理论课建设标准》等一系列高校思想政治理论课程建设文件，提出了新的建设指标和标准，为高校思想政治理论课建设协同创新发展指明了方向。习近平总书记在全国学校思想政治理论课教师座谈会上强调思想政治理论课是落实立德树人根本任务的关键课程，对思想政治理论课的建设要高度重视，同时也呈现出国家对思想政治理论课程的师资队伍的要求和培养的力度不断提高，肯定了马克思主义在党、在高校思想政治工作中的指导地位，增强了高校思想理论课程建设的信心。

第二节 高校思政课的建设现状

一、高校思政课建设的核心

(一) 始终坚持党对思政课的领导是根本保证

1. 加强党对思政课建设的领导

习近平总书记指出，办好中国事情，关键在于党的领导。中国共产党的领导是中国特色社会主义制度最强大的力量。习总书记提出加强各级党委对思想政治理论课建设的领导。改革开放以来，各高校在思政课建设的相关工作中始终如一地坚持党的领导，解决了制约高校思政课建设中存在的突出问题。高校各级党委非常重视思政课的建设，加强了对思政课建设的领导要求，并将其摆在了重要议程的工作要求中，形成思政课教师严格讲好思想政治理论课、学生努力学好思想政治理论课的良好氛围。在高校思政课建设中发挥好党支部及党员的作用，能为高校思政课建设工作提供坚强的支撑和组织保障作用，进一步丰富高校思想政治理论课建设工作格局的新思想，为高校思政课教育涂上了浓浓的鲜亮底色。

2. 始终坚持德育优先的原则

在我国，思想政治教育贯穿于社会生活的各个方面，其中高校思想政治教育受到了格外的关注。改革开放以来，各大高校紧跟中央从过去的三育人到后来的五育人，再到现在的七育人，育人格局发生了重要的变化。虽然现在提倡的是全方位、全过程育人，但是德育优先的思想政治教育继承了中华文明的优良传统。党的十六大以来，胡锦涛强调了科学文化素质和思想政治素质并重，且十分突出德育优先的教育理念。

党的十八大报告中又强调：坚持德育优先，这是我国长期以来坚持的教育方针。思想政治工作已经进入高校的核心地带，高校所有的任务都可以围绕着立德树人来展开，立德是树人之根本，树人是立德之目标。如何育人、为谁培养、如何办学、办怎样的大学、站在怎样的高度来思考高校思想政治教育的育人工作，在实践上推进了高校的整体工作，在理论上也紧随中央形成了高校思政教育理论的最新成果。

党的十九大之后，党和国家更是要求把立德树人作为教育的根本，把立德树人作为高校思想政治理论课教育的中心环节。高校不仅要促使中国特色社会主义核心价值观融入思政课中，还要将其融入其他各类专业课程当中，在始终坚持德育优先的前提下，全方位地培养符合社会主义核心价值观、荣辱观、道德观要求的合格接班人。

（二）把党的最新理论成果作为思政课建设的重点

1. 推进最新内容的"三进"

改革开放以来，高校思政课主要历经了多次改革，而每一次中国共产党的理论创新都会促进高校思政课建设的发展。党的十九大报告指出，当今高校思政课教学的重要内容是新时代中国特色社会主义思想，是党的最新理论成果，坚持以习近平新时代中国特色社会主义思想为中心内容，推进其"三进"（进教材、进课堂、进学生头脑）的工作，这是当前高校思政课改革发展的重要任务。

改革开放以来，高校思政课的建设取得了显著的成效。在马克思主义中国化的进程中，高校思政课建设在发展中坚持以马克思主义中国化理论成果为指导思想是重要经验之一，及时将党的理论创新成果贯穿于思政课教育教学的全过程中，不断推进党的理论创新成果的"三进"工作，做好党的三大理论成果和习近平新时代中国特色社会主义思想的"三进"工作。

高校思政课建设的过程中，要始终坚持用党的最新理论成果武装学生，推进最新理论成果的"三进"；必须高举马克思主义伟大旗帜、坚持政治上的始终清醒和定力、恪守党的原则、用坚定的信念照亮高校大学生向前的路；还要在实践的基础上，自觉弘扬主旋律、积极传递正能量。

2. 及时调整和完善课程体系

改革开放以来，高校始终以党的最新理论成果为思政课教育教学的中心内容，加强学习马克思主义、进行思政课的教育教学是高校思政课改革的根本任务，坚持用党的理论创新最新成果武装高校思政课队伍的头脑、指导高校思政课建设的实践，及时推进党的最新理论成果，及时调整高校思政课的课程体系十分重要。

高校思政课的课堂教学充分反映了马克思主义中国化的几大理论成果，帮助和推动高校学生系统地掌握这些成果的基本原理，坚定在党的领导下走中国特色社会主义道路的理想信念。各高校要认真贯彻和坚持党和国家关于加强高校思政课建设的指示，适时地对思政课教学进行改革。

(三) 适应学生的身心发展需求是思政课建设的内生动力

1. 培养和树立正确的"三观"

思政课不仅是一门专业的课程，而且是一门对大学生进行德育的课程，它能够帮助大学生树立正确的"三观"，可以帮助大学生牢固树立道德情操和职业操守，促使大学生为中国特色社会主义制度服务等。思政课既可以教授学科知识，又可以进行鲜明的德育。

在党的理论创新成果不断涌现的基础上，始终坚持以学生为本是高校思政课教学的十分重要的育人理念。改革开放以来，在高校思政课教学的过程中，不仅要体现学生在课堂上的主体地位，还要以不断满足学生的全面发展需要为原则，充分发挥高校思政课自身可育人的功能，培养德智体美劳全面发展的优秀人才，牢固树立正确的"三观"，培养新时代的大学生，培育符合社会不断进步发展和能够促进国家繁荣富强所需的人格健全的大学生，努力培育抱有远大志向、德智俱全、有高尚情操的高校大学生。

2. 不断贴近学生生活思想实际

思政课需要贴近大学生的生活思想实际，所以高校要准确地分析大学生的思想观念的形成和变化的根源，也要准确地把握当代大学生的思想脉搏。然而当代大学生有鲜明的个性，他们各有所想、各有所思，表现出了不同的人生观、价值观和世界观。当代大学生所思考的问题，或者自身的精神追求和心理需求都各不相同，面临的学习和生活上的各种问题和困难也各不相同，有些面临着情感和人际交往的问题，有些面临着学业和就业的问题，然而，在这些过程中，学生需要理解关心和情感支持。因此，高校思政课相关工作人员要积极地了解现代大学生的精神需要，对大学生进行强而有力的思想政治教育。在思想政治教育教学的过程中，要留给学生足够的思考时间，不能让学生仅仅表面理解，而要指引学生内心的认同，提高学生对课程教学内容的理解程度。教师在讲课的过程中一定要注意学生的接受程度，尽可能让每一位学生参与到课堂教学中来。

一般来说，高校学生具有强烈的主观性和自我意识，希望他人能够尊重自己的个性，能够发挥自己的主体性，能够不断发展自己的知识、兴趣和爱好，更好地体现自己的价值观。高校思政课相关工作人员要深切地融入学生的学习和生活中，真正去认识和了解大学生的特点和个性，尊重学生的人格和个性特点，充分发挥每个学生的主体作用和主观能动性，体现党和国家对学生的深切关怀。高校的思政课教师队伍在进行思政课教学的过程中要体现以学生为本的教育理念、坚持以平等和发展的观点来对待每一个大学生。要贴近学生的思想、生活和学习实际，就必须学会运用显性和隐性的思想政治教育的方法原理，润物细无声地对高校学生产生正确的、积极的影响和引导。这样才能更好地激发学生的创新精神和学习思想政治教育的积极性，才能实现大学生的全面发展。

（四）不断推动教材体系向教学体系转化是重要举措

教材在高校思政课教育教学过程中占据重要地位，发挥不可替代的作用，是思政课课堂教学的基本元素，是施教者和受教者共同的依托和依据。从广义的层面说，思政课教材是指在课堂内外施教者和受教者使用的所有学习材料，比如课本、案例选编以及其他多种形式的教辅材料，凡是利于受教者增长知识或发展技能的材料都可称为教材。从狭义的层面讲，思政课教材就是思政课教学活动的核心材料，俗称教科书。不言而喻，在高校思政课的课堂教学活动中，离开教材的支撑，课堂教学与讲授要么天马行空、随意取舍，难以达到教材编写的初衷；要么讲授依赖教材，照本宣科，如同和尚念经，精彩难现。凝练教材内容、挖掘教材里的重难点知识，是高校上好每一节思想政治理论课的重要条件之一。高校要推进党的最新理论成果的"三进"就必须加大教材研究力度，也是思政课建设的重要任务。思想政治理论课程的各类教材是实现教学主要任务的重要载体。

改革开放40多年以来，高校将教材研究作为思政课改革的重要环节，不断凝练教材内容和完善教材管理体系。在这40多年的发展过程中，高校的教材研究逐渐增强，同时也不断推动了党的理论创新成果"三进"工作。打铁还要自身硬，建设一支高素质的思政课教师队伍是思政课教材体系向教学体系有效转变的基础。思政课教材中的理论是抽象的，高校在进行思想政治教育教学的过程中，必须把抽象的思政课教学理论知识转变成具体化、生动化和形象化的内容，引导学生学习知识的同时，还要尊重学生特殊的个性发展。因此在思政课教学过程中要学会充分利用多媒体等现代化教学设备，营造平等、开放、民主的思政课课堂教学氛围，运用多媒体教学法，提倡讨论式、提问式的教学方法，把思政课教学内容里的重难点和知识点图片化、数字化以及立体化。同时结合讲授式和启发式教学法，深化学生理解和记忆，形成高校思政课教学方法与学习方法的有机统一，师生之间形成高度的默契，形成一种严肃又活泼、教师讲学又教学、学生学习又思考的课堂气氛。延伸教材内容、增加教材深度，对原教材的内容进行适当的补充和增加，以帮助学生理解，努力形成以思政课教师为主导、以学生为主体的教学理念。

在进行思想政治教育教学过程中，高校思政课教师要培养学生灵活地运用思政课教学内容的知识点，用思政课教材里的理论知识来指导现实生活，以此来增强学生的实践能力，充分调动学生的学习兴趣。引导高校大学生自己发现问题、提出问题和解决问题，对于学生提出来的有趣的、合理的教学内容，思政课教师也可以将其简约化，要详略得当、突出重点地添加进思政课教材中来，没有必要仅仅拘泥于思政课课本上原有的一些教学内容。适当对教材内容进行缩减，减轻思政课的教育教学负担，这样才能够提高思政课的教学效率，也能更好地促进教材体系向教学体系转化。

（五）与时俱进地抓好思政课师资队伍是关键

1. 提升教师学历层次

　　党中央历来十分重视高校思政课教师队伍建设。近年来，各高校对思政课人才队伍进行整合，形成了年龄、职称等结构合理、研究方向明确、学历层次较高的思政课教资队伍。同时给高学历思政课教师提供全面发展的机会和较高的福利。在提升高校思政课教师队伍学历层次的过程中，需要积累各种教学经验才能实现。强调加强思政人才培养，扩大相关学科的招生规模。高校领导要从思政课教师队伍建设的角度，注重高校思政课教学团队的发展和成长，形成结构合理、专业性很强的高校思想政治教师队伍。高校要鼓励和支持思政课教师学习和发展，尤其鼓励在职教师攻读硕士、博士学位，尽可能满足教师队伍建设的需要。支持思政课教师队伍提高学历层次，打造有亲和力的、高学历的高校思政课教师队伍，通过提供各种机会，充分调动思政课教师队伍提高学历层次的热情，提高他们的科研水平和教育教学能力。高校要不断加强对教师教学工作的指导，要组织开展各种教学活动，进一步提高思政课教师的教学水平。

　　2. 加强教师业务培训

　　进行思想政治教育的主体是教师队伍，思政课教师能够丰富学生的知识和塑造学生的个性特征，在学生成长成才的过程中起到了关键作用。改革开放40多年来，高校思政课建设之所以能够取得一些显著的成绩，是因为高校建设了强有力的思政课教师队伍，不断为高校思政课建设提供各方面的支持。

　　改革开放以来，各大高校思政课教师队伍多次参加各类培训。只有给高校思政课教师提供成长平台、培训机会和激励机制，促使高校新老教师间的交流学习，才能提高高校思政课教师的教学水平和业务能力。因此，高校要有针对性、有步骤、有重点地结合高校思政课的特点，采取一些相应的措施。高校不仅要进一步夯实思政课教师的教学基本功，还要加强其理论知识培训，为高校培养有用的卓越人才和生力军。

　　各大高校应根据思政课教师的发展需求，每年定期组织培训活动，增强思政课的实际教学效果。比如组织高校思政课教师参加各种学术活动、学术会议，或邀请专家开展学术交流和学科建设指导工作等。各大高校要积极丰富并提升思政课教师的学科专业知识、教学方法和教学技能、以及培养思政课教师的师德和教师职业规范等；要不断增强高校思政课教师业务培训，鼓励建设各大高校思政课教师队伍，推动高校思政课教师队伍探索合理的、创新的教学方法，深入开展思政课教学科研工作，加强教师队伍的进修学习，以此方式来推进高校思政课教师队伍的专业化发展，创新高校思政课教师培养举措，搭建高校思政课青年骨干教师成长发展平台，推动教师队伍建设为高校上好思政课提供智力支持。总之要建立一支专业化极强、道德素质极高、精锐的高校思政课教师队伍，全面贯彻落实党的最新理论成果精神，更好地适应新时代高校思政课教师队伍建设的新要求。

二、高校思政课建设存在的问题

（一）加强思政课建设的文件精神落实不到位

充分认识高校思政课的重要性和艰巨性。在党中央的高度重视下，高校对思政课建设的重要性、艰巨性、长期性有了比较充分的认识，情况大体上是好的。但还是有部分高校对于党中央出台的关于加强思政课建设的相关文件精神还没有完全落实到位，在一些方面和党中央的要求还存在一定差距。

"高校党委书记和校长要结合自身学科背景和工作经历，带头走进课堂听课讲课，带头推动思政课建设，带头联系思政课教师。"目前来看，部分学校党委对思政课建设的重视程度还不够，对文件中关于党委书记和校长的要求还没有落实到位。部分高校党政负责人在按照中央精神要求的课时讲授思政课方面做得还不够，到学院现场办公的时间不多，到学院现场解决思政课建设实际问题的时间不足；深入思政课教师队伍的时间较少，对思政课教师思想、工作、生活、发展的关心还不够，解决思政课教师实际困难的力度不够。在安排思政课教师校外挂职和社会实践上，没有形成思政课教师社会实践和校外挂职的可行性方案，在经费保障方面做得还不够，对于社会实践的重视度还有待提高，对于校外挂职的安排力度还有待加大。

在思政课教学科研二级机构的设置上，有的高校没有设立独立的机构或者部门，缺乏对思政课教学的统筹管理，这种情况在一些民办高校表现得比较明显。有的高校还没有把专职思政课教师配置到位，和 1∶350 的师生比还存在一定的差距，思政课教师数量依然不足，大班化教学的问题依然存在。有的高校还没有按照生均 40 元 / 年的标准提取专项经费的政策落实下来，存在一定的差距，这在学术科研、能力培训上对思政课教师造成了影响。有的高校还没有建立起思政课教师相应的职称评定机制，思政课教师的职称评定单列工作还没有落实到位，导致了思政课教师专业技术岗位职称偏低。在提高思政课教师待遇、设立思政课教师岗位津贴上，有的高校还没有出台合理可行的提高教师薪资和岗位津贴的可行性方案，思政课教师的待遇还缺乏可靠的制度保障，没有得到明显的提高。

（二）教材体系向教学体系的转化有待进一步加强

教材是课程内容的载体，教材质量如何，对高校思政课实效性的发挥意义重大。目前，我国高校思政课教材由国家"马克思主义理论研究和建设工程"组织人员统一编写，教材的权威性得到了保障。在实际教学中，怎样实现教材体系向教学体系转化就显得至关重要了。"思政课教师要吃透教材基本精神，全面把握教材重点、难点，认真做好教材转化工作，编写好教案，切实推动教材体系向教学体系转化。"目前来说，高校思政课教材体系向教学体系的转化程度不够，还有待进一步提高。

高校思政课五门课的教材的理论性比较强，每门教材都是一个完整的理论体系，涵盖哲学、政治、经济、历史、法律等非常广博的内容，要给学生讲清楚不是一件容易的事情。这就对思政课教师的知识储备要求比较高，而目前思政课教师专业背景和结构参差不齐，因此对教材的把控能力还不够强。有的思政课教师开展思政课时没有认真分析学生的思想行为特征，忽视了学生本身的认知能力和成长需求，忽视了学生内心真实的期待，脱离了学生实际空讲理论。要加强对学生的认识规律和接受特点的研究，理工科学生和文科学生的专业背景、知识结构、思想行为特征很不一样，人文社科的知识基础差别明显。思政课教师在课堂讲授过程中和学生的知识实际和思想实际结合不够，没有立足不同专业学生的不同特点进行理论教育，还是采用一个教法、一套课件，对教材体系的转化力度不够，学生的课堂兴致不高。还有的思政课教师对时事热点、党最新的路线方针政策把握不够，没有及时把这些热点、难点、路线方针政策引入课堂，及时讲给学生听，以补充学生的知识储备，这也会导致教材体系向教学体系的转化不够。

（三）实践教学、网络教学辅助课堂教学的教学改革力度不够

为了增强学生思政课获得感，推动教学方式改革是必要的。思政课教师要注重改进教学模式，把理论和实践统一起来、把历史和现实统一起来、把国内和国际统一起来，积极回应大学生十分关注的热点、难点，采用形式丰富、质优效佳、学生喜欢的教学方法进行课堂教学。高校立足于本校思政课实际，在改进思政课教学方法上不断发力，积极推进实践教学、网络教学辅助课堂教学工作的开展，收到一定的成效，但还有提升空间，还存在一些亟待解决的问题。

实践教学虽然得到了许多高校的重视，这些高校也积极组织学生通过外出考察、校外挂职、单位实习的方式进行实践，但存在的问题也是不可忽视的。学生

人数众多、组织难度大，使得实践教学没有完全覆盖所有学生，有些学生没有按时参与实践。实践教学基地的建设不完全契合学生的专业特点，不能完全满足学生的成长期待，通过实践并没有进一步理解和消化相关的知识，这就导致了学生在参加实践的时候容易流于形式，不仅浪费了时间，还弱化了思政课的效果。有的高校在实践经费上没有提供充足的保障，这使得实践教学缺乏必要的资金支持。同时，有的高校尚未建立一个完善的考评制度，评价体系比较片面。

网络教学近年来也得到了许多高校的重视，网络教学的频率有所提高，但网络教学也存在一些问题。

首先，思政课教师的心理压力越来越大。思政课教师要做好充足的准备工作，要时刻关注时事，同时还要面对学生的各种提问，这是一个很大的考验。而网络又是非常开放的，教师的一个观点一旦被学生误读并上传到网络上，就会给教师带来很大的负面影响。在这个互联网时代，教师的优势和劣势都会被无限放大，从而给教师带来心理上的压力。

其次，网上的学习气氛较差。课堂教学采用面对面的方式，而网上教学采用屏对屏方式，两者之间的真实感相差甚远，必然会影响到学习气氛。对学生来说，课堂教学有课堂纪律的束缚，在家里参加网课则比较自由，学习氛围当然会存在差距。

最后，网络教学管理难度增加。不管网络技术有多发达，不管网络教学平台有多么完备，教师也不可能时时刻刻都关注着学生的一举一动，特别是上大班课的时候更是如此。学生的网络学习设备是否被用作其他用途，教师不能及时掌握情况。

（四）教师的数量和质量有待进一步提升

思政课的主导者是教师，思政课教师队伍水平如何直接关系着思政课质量的好坏。讲思想政治理论课，要让信仰坚定、学识渊博、理论功底深厚的教师来讲，让学生真心喜爱、终身受益。因此，拥有一支数量充足、政治立场坚定、思想品德素质高、教学能力过硬的思政课教师队伍，是高校思政课取得实效的关键。

目前，我国高校思政课教师队伍已经突破十万人大关，这对于高校思政课来说是一个很大的进步。但人数上和1：350的思政课师生比还存在差距，还需要进一步扩大思政课教师队伍。在学生数量大、而思政课教师人数没有达到标准要求的情况下，会导致思政课教师的教学压力过大，限制思政课教师教学方法的创新，制约了思政课教师在课堂上与学生的积极互动，思政课的效果受到削弱。同时太大的教学压力还会影响思政课教师学术科研活动的进行，不利于思政课教师科研水平的进一步提高。

高校思政课教师队伍的整体质量还需要进一步提升。有的教师政治立场还不够坚定，对社会主义核心价值观的引导力度不足。有的教师不太注重教学方法的创新，对现代信息技术的使用不足，觉得现代信息技术用起来是麻烦事，把现代信息技术的使用当作一种负担，而不是当作一种助力。有的思政课教师教书育人的意识和能力还要进一步加强。有的教师在课堂上对学生的理想信念的引导不够，没有及时关注学生是否给了反馈；就算给了问题反馈，教师也是能避免就避免，忽视了学生究竟有没有真正把理论消化，是否学会用所学知识分析问题、解决问题。花时间备课是一个合格的思政课教师必须完成的基本任务，但目前一些青年人毕业后成为思政课教师，由于进入这个领域的时间少，没有足够的教学经验，他们在备课、授课时没有很好地抓住教育对象的思想特点和成长需求，不能很好地因材施教。

（五）课程思政和思政课程的协同效应有待增强

课程思政作为一种教学理念，是协同育人的一种表现，强调所有课程充分发挥育人作用。要将高校思想政治教育融入课程教学和学校教育各环节、各方面。其他各门课程都要守好一段渠、种好责任田，使各类课程与思想政治理论课同向同行，形成协同效应。党中央非常重视课程思政建设，教育部在 2020 年 5 月印发了《高等学校课程思政建设指导纲要》，对课程思政建设的重要性、目标要求、内容重点、组织实施、条件保障，以及如何建设课程思政进行了介绍和指导。但课程思政和思政课程的协同效应还不够显著，当前课程思政建设存在"一刀切"的现象，相关建设标准泛化、粗糙，无法体现不同学科、专业的特色。

首先，有的专业课教师还没有完全树立起课程思政的教育理念，在专业课程中挖掘思政元素的意识不强。对于课程思政建设的目标指向、内容的选取、实施方法，以及课程思政对学生成长成才会有怎样的效用缺乏深入的体会。在课堂上不注重思政元素的挖掘，仅仅把课程讲授当作专业知识课堂，觉得自己的职责只是把专业知识给学生们讲透，思想政治教育只是马克思主义学院思修教师的工作，只要学生的专业知识储备越来越深厚，专业技术越来越硬，那么自己的课堂就是成功的。

其次，有的专业课教师虽然发现了思政元素，但把思政元素融入课程之中的能力还不够。专业课教师觉得课堂内容专业性太强，有关理论范畴非常清晰，在课堂上融入思政元素的难度很大，找不到适合融入思政元素的方法。简而言之，专业课教师不知道通过怎样的视角和方法把思政元素传递给学生，既不显得刻意，又达到了润物细无声的教育效果。有的专业课教师只是从思政课中选择一些简单理论来强行进行思想政治教育，而这些观点可能学生早就听腻了，造成了学生重复学习，其效果事倍功半。

最后，教师本身的师德师风就是一种很好的思政元素，对学生的影响具有深刻性、长期性。但在专业课堂中，专业课教师大多把注意力放在了专业知识的讲解上，注重思考如何才能把专业知识讲得透彻，学生如何才能够更好地掌握专业知识，而忽视了自身良好师风师德对学生的感染作用，没有把自身全部的人格魅力展示出来，对学生进行潜移默化的影响。

第三章　高校思政课建设理论基础

　　理论是人们对于客观世界规律的理解和论述，人们对于各种问题和现象的研究都基于对理论规律的认识。研究高校思政课建设必须以科学的理论依据为支撑，本章为高校思政课建设理论基础，旨在了解高校思政课建设的相关理论基础，这有利于更好地促进高校思政课的建设与创新，增强高校思政课的教学实效性和亲和力。本章分为哲学基础、心理学基础、教育学基础三部分，其中哲学部分主要包括中国哲学、马克思主义哲学等内容。

第一节　哲学基础

一、中国哲学

　　哲学是时代精神的精华，也是民族精神和生命智慧的结晶。中国哲学作为人类文明"轴心时代"智慧之思的硕果之一，是独具中华民族特色的"精神现象学"。这门中国人的"国魂学"有自己的核心主题、研讨范围、价值取向、明理方式，是中华民族特有的思想传统。近代以来，西方哲学语境下的中国哲学经历了"学着讲—照着讲—自己讲"的过程，实现了从古代哲学观转向现代哲学观，从"单数"哲学观转向"复数"哲学观，从一般意义上的哲学观转向中国特色哲学观的逻辑转换。其终极目标在于重新"认识自己"，真正建构起中国特色的主体哲学体系。

（一）中国传统哲学

1. 主体性思想

中国古代传统主体性教育思想百家争鸣、历久弥新，主要以儒家与墨家为代表，是当前研究高校思政课内容的重要哲学思想渊源。具体来讲，包括以下几方面。

（1）孔子：启发式教学

启发式教学的核心观点是最大限度地激发学生思考和学习的主动性、积极性以及创造性。在具体教学过程中，要处理好教师与学生的关系，既要坚持教师的积极引导，又要强调启发学生学习的积极主动性。

孔子主张："不愤不启，不悱不发，举一隅不以三隅反，则不复也。"孔子反对教师机械地灌输知识，认为教师理应加强对学生的启发和引导，培养学生独立思考的能力，引导学生找到学习的方法，帮助学生找到打开知识大门的钥匙，激发学生学习的主动性和创造精神。

除此之外，孟子也认为教师要对学生积极引导，启发学生思考："君子引而不发，跃如也。中道而立，能者从之。"即教育者确立一定的标准和目标，受教育者要积极努力去达到。《礼记》在继承孔子启发式教学思想的基础上，进一步阐述了教师应如何启发引导学生："道而弗牵，强而弗抑，开而弗达。"即教师发挥主导作用，激发学生的能动性，引导学生积极思考。

（2）孟子："自求自得"

孟子重视发挥人的主观能动性，强调"思"在学习中的重要作用。孟子提出："君子深造之以道，欲其自得之也。"孟子认为在教学中学生学习知识要靠自己去主动获得，自去探究、自去钻研、自去体会，唯有这般才能实现知识的融会贯通，达到左右逢源、用之不竭的境界，即唯有"自得"才能真正实现"为己"。

孟子"自求自得"的教学方法和原则强调启发学生积极思考，引导学生发挥积极学习和主动学习的精神，以此彰显"自得"知识的重要性。除此之外，孟子还认为"尽信《书》，则不如无《书》。"学生不能死板地记忆知识，不可人云亦云，应有批判创新精神，发挥个人主观能动性去灵活地运用知识。

（3）墨子："述而且作"与"强说强教"

墨子反对孔子那种"述而不作"即只继承和阐述而不创作的保守思想，提出："吾以为古之善者则诛之，今之善者则作之，"主张"述而且作"的主动创造精神，既要继承和阐述以往的"善"，同时也更加重视和强调在此基础上的创造和创新，从而使"善"的内涵越来越丰富。

此外，墨子反对儒家提出的"扣则鸣，不扣则不鸣"的消极等待和被动施教原则，主张教育者应积极主动教学，发挥教育者的主导力量，对于不主动来请教的人要主动施教，倡导"虽不扣必鸣者也"的"强说强教"的主动精神。虽然墨子的主体性教育思想是从发挥教育者的主动性和创造性角度出发的，但其对研究受教育者的主体性同样具有积极的借鉴意义。

（4）老子："行不言之教"

老子倡导"无为"的教育理念，这一理念集中体现在他的教育方法中。老子提出："处无为之事，行不言之教。"他认为教育者应当以"不言"方式去教导，避免强制灌输，应以一种潜移默化的方式去引导受教育者自觉能动地思考问题，启发受教育者将道德规范内化为自觉行为。老子"行不言之教"的教育方法使受教育者的主体地位得以彰显，主体性得以发挥。

（5）王阳明："致良知"

明代心学集大成者王阳明继承孔孟思想，提出了"致良知"的重要主张，但与孔孟的"良知"有一定的区别。它不仅是一种道德自觉，更是包含着道德判断的道德自觉，这表明阳明心学更加注重个体的主观能动性。

对于"致"的理解，王阳明大体分为两层含义：其一是"至"，也就是达到的意思，即达到内在的道德自觉意识；其二是"做"，"决而行之者，致知之谓也。"个体要成才，作为主体就必须从自在的本然状态走向对良知的自觉意识。

由此可见，王阳明肯定了个体的价值，承认人是主体性的存在，认为人人都有成为圣贤的可能。但如何将这种可能转化为现实，这就需要个体发挥自觉能力，以"致"为中介，努力达到"良知"。阳明心学中"致良知"的重要思想对当前道德教育具有一定的启示意义，有利于引导学生积极作为、努力进取，最终成为国家建设和社会发展的贤良之才。

2."知行合一"的思想

"知行合一"是我国传统哲学和教育学的重要思想，最早是由明朝思想家王阳明提出来的。"知也者，固以行为功者也；行也者，不以知为功者也"，这句话深刻揭示了知与行的辩证关系：行动是知识的来源，行动的发展和完善对知识起着较大的促进作用；实践是认识的源泉，也是获取知识的根本途径。王阳明强调"言传"与"身教"统一，强调了育人的实践性，真正做到知行合一。

教师在教学过程中不但要注重知识的传授，更要注重知识最终服务于实践的真理。在思政课教学过程中，教师必须遵循知行合一的思想，充分利用和调动校内外一切资源，让理论知识的灌输融合社会生活，与社会生活接轨，为社会服务，将社会需要始终放在培养人才的第一位，将实践作为理论学习的基础，真真做到知行合一，达到理论联系实际的效果。

（二）习近平新时代中国特色社会主义思想

在新时代背景下，习近平总书记深刻认识到意识形态教育的顶梁柱作用，针对相关思政教育工作的改革与创新明确提出了许多新观点、新论断。

1. 习近平关于思政教育建设的理论阐述

习近平总书记在强调文化建设的同时，也强调意识形态建设对于文化建设的核心作用，并对高校思政教育改革与创新工作提出了新要求。2013 年，习近平总书记指出宣传思想工作要做到因势而谋、应势而动、顺势而为。习近平总书记强调高校思政课要在意识形态领域的课程教学中发挥主导作用，加快课程改革节奏，推动意识形态教育实效性的提升。

为了巩固思政课在高校教学中的主心骨地位，首先，最重要的就是要坚守马克思主义理论在意识形态教育中的关键地位，围绕科学的马克思主义理论展开社会主义意识形态教育，在理论教学中培养大学生的理论自觉。

其次，高校思政课教学目标的设定要符合社会发展规律，教学改革要将思政课建设融入党的人才培育之中，通过专业教学与基层党建融合教学培养时代新人。

最后，思政课要以实现人的自由全面发展为教学终极目标，习近平总书记指出，思政工作从根本上说是做"人"的工作，让学生德才兼备、实现全面发展。在这样的背景下，培养符合社会主义发展要求的时代新人成了高校教学的重中之重。

2. 习近平关于立德树人理论的系统阐述

2018 年 5 月，习近平总书记指出要把立德树人内化到大学建设和管理的方方面面、前前后后。这是党和国家对新时代社会环境下高校教育的根本任务提出的新要求、新论断。立德树人目标的提出是高校思政课与社会发展实际相结合的必然要求，是提高人的综合素质的必然要求。

立德树人是高校教育发展过程中的新目标、新标准、新要求，新时代高校思政课不仅要"树人"，更要"立德"，培育德才兼备的综合型人才。高校思政课不仅要关注大学生对理论知识的学习，培养大学生的理性逻辑思维方式，训练学生的理论运用能力，使大学生掌握系统的理论知识，同时还要教给大学生为人处世的道理，大学生学到的知识、技能还需要运用于社会建设之中，在社会中找到自身定位，在其位、言其语、做其事，在推动中华民族的伟大复兴中实现自我价值。

习近平总书记关于思政教育工作的新论断、新观点为课程改革指明了新方向、提出了新要求、规定了新目标与新标准。在立德树人目标的价值指引下，高校思政课不仅在课堂上讲理论，还要在其他专业课教学中开展思政教育工作，将讲授专业学科知识与思维方式训练、价值观塑造等有机统一。在习近平新时代中国特色社会主义思想理论体系中，关于思政工作的改革、建设与创新所的系统性论述，为增强高校思政课理论性、推动思政课有效建设提供学理支撑。

二、马克思主义哲学

（一）马克思主义认识论

高校思政课的有效教学离不开科学的认识论和方法论的指导，增强高校思政课理论性、推动思政课有效建设可以在理论与实践的统一中突显理性认识。卡尔·马克思（Karl Marx）指出理论作为思想凝结产物，对国家政治建设的作用是由其在这个国家的上层精神建设需求中的满足程度所决定的。马克思主义认识论为中国共产党人进行社会主义改革、建设与发展实践提供了认识论和方法论，同时在高校思政课教学中发挥着指导作用。

思政课教师在对学生进行理论教学过程中，指导学生形成科学的世界观与方法论成为首要任务。马克思主义认识论扎根于社会实践，从实践的角度出发去把握社会发展规律。马克思指出旧唯物主义只是从客观的或者直观的形式去理解事物，而认识论打破了旧唯物主义的直观性与机械性，将理论融于现实之中，避免实践活动的无序发展。事物发展的内部主要矛盾是社会发展规律形成的根本前提，这为思政课理论性的增强和解决内部主要矛盾提供了新的解题思路。

在中国革命、建设与发展过程中，逐步形成了中国化的马克思主义认识论。一切从实际出发作为中国化的马克思主义认识论的价值遵循，指导我国在实践中探寻更好的前进方向。高校思政课作为意识形态领域的思想建设，更需要从已有的实践经验中总结优秀的建设经验，将现实生活中的感性知识转化为学科教学的理性知识，使其向"科学化"与"学科化"方向发展。

随着国家不断加强对高校思政课改革的重视，学生群体的综合素质不断提升，使得我国的国际话语权在文化软实力不断提升的同时也有所上升。高校思政课在中国教育中占据思想道德建设制高点。

高校要形成良好的教学与学术研究氛围，使"强起来"的中国具有"强起来"的思想，为国家建设培养"德才兼备"的综合性人才。因此，高校思政课的改革要以马克思主义认识论为基础，立足于中国现实问题，寻求新的解决思路。同时，高校思政课的现代化改革需要在马克思主义认识论指导下，对思想政治学科本身、世界发展的本质与规律进行经验性的反思与总结，对新时代背景下中国社会发展所遇到的根本问题做出创新性与科学性的探究。由此可见，马克思主义认识论为高校思政课的建设提供了价值遵循，推动着国家教育的整体进步。

（二）马克思主义群众观

人民群众中蕴藏着巨大的力量，推动着社会进步。尤其在革命时期，人民群众的作用表现得更自觉、更勇敢与更鲜明。然而人民群众的历史活动与精神活动并不是无秩序进行的，中国共产党坚守马克思主义立场，将理论与实践相结合，在社会发展过程中将理论转化为生产力，使社会生产要素得到合理且有效的分配。

群众力量与个人权威在人类行为过程中既相互对立又相互依存，马克思和弗里德里希·恩格斯（Friedrich Engels）指出，"权威是所有一致行动的必要前提，在群众性活动中，必须有具有权威性的人、言、事等"。这表明在人类社会发展过程中，时代领袖需要有抓住时代机遇的魄力，高瞻远瞩，对历史的发展规律有着深刻的认识，认识到社会发展与群众之间不可分离的关系。

思政课作为人类意识形态教育的核心课程，指导学生掌握历史发展总趋势与社会发展的基本规律，帮助学生树立科学的历史观与发展观，顺势而为，逆流而上。大学生作为社会主义接班人，思政课带领其在理论学习与社会实践中站在人民立场了解民意，指导学生捕捉到人民群众中能够改变社会的力量，在社会建设过程中站在人民的立场，想人民所想，为人民所盼。同时，高校思政课作为培养合格的社会主义接班人的意识形态课程，必须要坚守马克思主义的领导核心地位，开设好以人民为中心、令人民满意的文化课程。

（三）马克思主义实践观

在人类认识史上，马克思主义哲学第一次将科学的实践观引入认识论。实践观科学地揭示了实践与认识的关系，强调实践是认识的基础，认识并不是人类头脑自带的，人类获得的所有认识都源于实践活动。实践活动推动人类的认识不断地向前发展，实践活动是验证认识是否正确的唯一标准，人们获得认识的目的是更好地指导实践。

马克思主义哲学把辩证法应用于认识论，强调认识对实践具有反作用，即正确的认识推动实践的发展，错误的认识阻碍实践的发展。马克思主义实践观为高校开展思政课实践教学奠定坚实的理论基础，为更好地把理论教学和实践教学相结合提供了科学的世界观和方法论指导。

（四）马克思主义中人的主体性思想

在高校思政教育中，教学内容的接受主体是大学生，是现实存在的人，是发挥主观能动性前提下从事各种活动的人，其主体性即主体具有的特征是影响接受效果的关键因素。因此，马克思主义关于人的主体性理论是研究高校思政课建设的重要理论依据。人的主体性主要有三个基本属性，具体阐述如下。

第一，客观实在性，即作为接受主体的个人是现实存在的活生生的个人。马克思曾指出社会是人生存和发展的条件，人是社会活动的主体，自身承担着各种社会关系，并通过各种各样的社会活动改变客观世界，也改变自己。在这里马克思强调的是人不仅是具有生命力的人，同时也是具有一定性质的人，其中社会属性是其根本属性。因此，人的主体性首先表现在认识现实存在的个人。

第二，能动性，强调人的主观能动性。马克思所说的人类本质，即人类所从事的活动是在人的主观能动性指导下透过现象看到本质的创造活动。人的主观能动性主要体现在两个方面：一是主观能动性具有目的性、需要性，即强调人类在改造世界之前已经在头脑中构建出理想的蓝图，说明人类不是随机地、偶然地、被动地面对客观事件，而是主体性通过创造性表现出来，按照自身的期待在改造世界过程中使自己的力量对象化，即在这个过程中具有目的性。二是尊重客观规律，即人不任意改变世界，而是在遵循客观规律的基础上使自己的力量对象化，坚持从"实践—认识—实践"的发展过程中促使主体性的实现。

第三，价值性。这是马克思关于人的主体性思想的核心，体现在个体具有他人无法剥夺的生存、自由、发展等权利，也就是马克思所认为的在个人层面实现个体的自由全面发展。马克思认为人的主体性首先是自由，这种自由是时间自由即人们自愿选择劳动时间，摆脱劳动时间的约束，不再以社会必要劳动时间来评估个人价值。这种自由还体现在个体具有选择的自由，可以自由选择劳动工具、劳动对象。其次是个体的全面发展。在资本主义社会中，个体的发展被固化的机器和细化的分工所限制，人是机器的一部分，是局部的个体，其生存和发展活动都在有限的范围内开展，丧失了全面发展的时间和条件。而在共产主义社会中，个体的活动范围不受约束，可以根据自身需求、兴趣爱好等全面发展自己，正因如此，人的自由全面发展有助于实现人的主体性。

马克思主义中人的主体性思想告诉我们，高校思政课教学内容的接受主体是现实的个人，他们具有客观实在性、能动性、价值性等特点。高校思政课教学内容要充分尊重接受主体的主观能动性，通过优化自身理论和结构充分获得接受主体的认可，并与接受主体的思想发展规律、认知发展规律、智力发展规律等相结合，适应接受主体各方面的发展，为其现实生活提供正确的理论指导。

（五）马克思主义中人的需求理论

关于人的需求理论诸多学者提出不同观点，丰富了其内涵，但是根本上还是要追溯到马克思主义中人的需求理论。所以，以马克思主义需求理论为出发点来详细分析接受主体的个人需求，是研究高校思政课建设的重要理论基础。马克思主义认为人的需求是人的实践活动的起点和终点，十分有必要从个体需求角度来思考人的历史活动。在这里，需求即个体的欲望，体现为一种主观的态度。除此之外，马克思主义中人的需求理论也认为人类社会能够不间断地向前发展，往往源于人们对需求的向往与追求。但是人的需求具有差异性，不同的主体的需求是不同的，同一个体在不同阶段的需求也不同。因此，只有从根本上把握马克思主义关于人的需求理论的主要内容，才能更好地从大学生的实际情况出发有针对性地优化高校思政课教学内容。

1. 生存需求

生存需求，即人的最低层次需求，指的是人类为了满足自身的生存、发展而对某种客观物质的渴望，这是维持个体生命存在的基本需求。在马克思那里，"人"是有生命的人，那么他们必然会有吃穿住行的物质需求作为生存的保障。换句话说，这些基本需求是人成为人的前提条件，是有生命的个体得以存在和延续的基础；若该需求得不到满足，人们就会失去对其他欲望的追求动力。

高校思政课教学内容作为理论化的知识体系，能够为满足大学生的生存需求提供理论指导，引导学生树立正确的需求观、物质观，消除其不合理的需求，为其实现理想信念指明前进方向。

2. 享受需求

享受需求是较高层次的需求，是在生存需求得到满足的基础上对美好事物的需求。马克思主义认为，人不仅有基本需求，而且人们的需求会随着满足程度发生变化。随着物质条件的改善，人们会有娱乐、文化等方面的需求，也就是精神需求，即马克思所说的人与动物最大的区别在于人能够发挥主观能动性改造世界，人类有精神需求而动物没有。

享受需求是伴随经济社会的发展而产生，在人们吃饱穿暖的基本生存需求得到满足后，人们会产生其他需求。在人类社会早期，人们的全部精力放在生存需求的满足上，相应的人类没有享受需求或者享受需求处于较低的发展水平。随着生产工具的使用，生产力的提高，人类的物质需要得到了很大层次的满足，人类也开始追求满足知识、审美、情感、理性等精神需要，去追求精神层面的享受。

3. 发展需求

发展需求是人类最高层次的需求，是人们不断提高科学文化和道德修养，追求个性自由，实现自身自由全面发展的需求。在共产主义社会中，人们可以根据自身需求、兴趣爱好等全面发展自己，这种需求不仅表现在个体追求自身的完善，还表现在个体重视人的社会作用，以自身的发展促进社会的进步。发展需求的满足主要取决于个体自身价值的实现程度，即为社会发展所做的贡献程度。

马克思主义关于人的需求理论告诉我们，接受主体的需求是整个接受过程的起点和终点，注重把接受主体的需求摆在重要的位置。高校思政课教学内容也要注重引导学生的物质需求、尊重学生的享受与发展需求，并帮助其树立正确的需求观、物质观、消费观，鼓励学生通过自身的发展来促进社会的进步。

第二节　心理学基础

一、积极心理学理论

积极心理学重视积极情绪的研究，密歇根大学的芭芭拉·弗雷德里克森（Barbara Fredrickson）教授提出积极情绪的扩建理论，指出积极的情绪体验不仅能够反映个体的幸福，还有助于个体的成长和发展。乐观、愉悦、满足等积极情绪通过激发个体的即时思维，为个体的成长提供持续的心理和精神动力，进一步扩充个体的行动范畴，为个体的发展提供潜能。

大学生积极情绪的产生，能够帮助他们扩展自己的视野，运用更积极的方式看待他们所面对的挫折与挑战，增强心理调适能力，从而减少心理危机的产生。积极的人格特质是相对于积极情绪来说更为持久的一种个人特征，主要通过创设沉浸体验促进个人性格品质的发挥，将良好个性品质内化为稳定的心理特质，并外化为常规的生活状态，逐渐培养为优秀的人格特质。

拥有积极人格特质的大学生可以充分发挥自身的潜能，有意识地改变自己的缺点和不足，将自己的优秀品质运用到日常生活中，提高自身的思想道德修养。积极心理学认为积极的社会环境对个人有着重要的引导作用，生活在健康向上、乐观美好的社会环境中的个人可以获得更多的幸福感，更容易塑造良好的个性品质。

在积极心理学理论的影响下，高校在为大学生解决心理问题的同时，重视学生积极情绪的建构和内在潜能的发挥，进一步提升了高校思政课建设的科学性和实效性。

二、建构主义理论

建构主义理论是在瑞士心理学家让·皮亚杰（Jean Piaget）和苏联心理学家维果斯基（Vygotsky）建构主义思想的基础上，经由劳伦斯·科尔伯格（Lawrence Kohlberg）、罗伯特·斯滕伯格（Robert Sternberg）等人发展而来的一种心理学理论。建构主义理论打破了传统的认知理论中认为知识是对外部世界的客观反映的观点，认为知识是通过人自身建构起来的，是通过客观世界与人基于原有的认知图式相互作用获得的。建构主义理论强调了学习者在学习过程中的中心地位。

皮亚杰的发生认识论是建构主义理论中比较有代表性的学说。他认为，儿童自身认知结构的发展是通过与外部世界相互作用，从而建构起自身知识来实现的。知识建构包含两个基本过程，"同化"和"顺应"。在人与外部世界相互作用的过程中，人将从外界接收到的信息整合到自己原有的认知图式中的过程称为"同化"，而当外部世界发生变化，当前的认知图式无法同化新的信息从而使当前的认知图式发生改变和重组的过程称为"顺应"。人的认知结构就是通过同化和顺应过程不断丰富和发展的。在皮亚杰的基础上，苏联心理学家维果斯基提出，人所处的历史社会文化背景对学习者的认知结构建构有着重要的影响；斯滕伯格等人则强调个体主动性对认知结构建构的关键作用。

建构主义理论较好地说明了学习者学习过程中的认知规律，回答了学习是如何发生的、知识是如何建构的、理想的学习环境是怎样的等问题，为当前如何发挥大学生在思政课学习过程中的主体性提供了参考。学生是建构知识的主体，他们在进入思政课的课堂以前，已经形成了相关的经验，对事情都有着自己的理解，这就要求思政课教学不能忽视学生已有的知识经验，一味地进行"灌输"。

在学习过程中，思政课教师要成为学生建构知识的帮助者和引导者，关注学生的学习需求，激发学生学习的兴趣和主动性，为学生创建良好的学习情境。在调适大学生高校思政课认知的过程中，也可以应用建构主义理论对大学生进行有效的引导，从而帮助他们对课程产生积极的认知，从而达到更好的教学效果。

第三节　教育学基础

一、自然主义教育观

让·雅克·卢梭（Jean-Jacques Rousseau）在《爱弥儿》一书中提出了顺应儿童天性的自然主义教育观，他认为教育要依据儿童不同阶段的身心发展特点，顺应儿童自然本性，从而培养"自然人"。卢梭作为"发现儿童"第一人，第一次把儿童作为教育对象置于教育的中心位置，强调儿童在教育中的核心地位，他从"性善论"的观点出发提倡对儿童进行自然教育，强调必须遵循自然天性，尊重儿童的个性，促进儿童身心自由发展。卢梭十分重视儿童个性的自由发展，主张不要对儿童强行进行灌输，切不可对他们强加束缚，要给他们充分的自由，让他们自己去判断和思考。卢梭还把教育分为了四个时期，提倡教育要遵循儿童每个年龄阶段的心理和生理特点，有针对性地进行教育，从而促进儿童充分发展。

卢梭的自然主义教育观将学生当作教学活动的主体，尊重学生的主体地位，把学生看作独立的个体，通过学生自由地活动，充分调动学生的能动性、积极性和自主性，不仅促进了学生自由天性的发展，也促进了学生主体性的发挥。总之，卢梭的自然主义教育观对高校思政课教学中如何引导学生主动参与课堂、激发学生学习的积极性和主动性、促进学生个性自由发展具有积极作用。

二、实用主义教育观

美国实用主义教育家约翰·杜威（John Dewey）在反思批判传统教育"以教师为中心"的基础上，提出了"儿童是中心"的思想，他认为，教学是师生共同参与的活动，应该把学生当作主体，教师只是"看守者"和"助手"，他反对传统教育中教师照本宣科、学生死记硬背的现象。杜威以儿童为出发点提出了"进步主义"的思想，认为组织学校教育和学生生活应坚持一切为了儿童而不是教师，反对从"上面"强迫灌输知识，要尊重和发挥儿童的个性和本能，强调"从经验中学习"，鼓励儿童主动尝试。他认为儿童既是起点，又是中心，同时又是目的，一切必要教育措施都要利于儿童个性生长。杜威"儿童是中心"的实用主义教育观使儿童的自主性、能动性和创造性得以发挥，极大地促进了个体个性的发展，这无疑对研究思政课建设有重大启发意义。

三、思想政治教育环境论

思想政治教育环境是指思政教育客观存在的外部环境。思政教育环境的特点是具有普遍性、特殊性、动态性和创造性。马克思指出："有一种唯物主义理论认为人是教育和环境产生的结果，因此改变了的人是另外一种教育和改变了的环境产生的结果。"这种理论忘记了是人改变的环境，而且人在教育他人之前也一定受过教育。

当今社会的不断发展和科学技术的不断更新使人们的各种活动都离不开社交软件等，因此，大学生的思想道德观念和所受思政教育的程度也会受网络媒体环境的影响。另外，马克思还提出"人与环境相互影响"，这种人们以循环方式与环境互动的过程，是人认识和改变环境的过程。因此，我们要制造良好的网络媒体环境，才能达到最好的教育效果。

四、思想政治教育接受理论

接受是一种认同的行为，是因为喜爱而接纳的一种心理，同时也是一种吸收和内化的渐变过程。现代西方接受理论是以 1967 年德国学者汉斯·罗伯特·姚斯（Hans Robert Jauss）提出的"接受美学"为标志，逐渐发展起来的人文社会科学领域里的一种极为重要的理论。每个人看待问题、分析问题的角度不同，因此接受水平和接受效能也千差万别。

思政教育中的接受是指发生在思政教育领域内的接受活动，是接受主体反映、选择、整合、内化和外化接受客体的活动过程，主要具有社会性和实践性以及情感交互律。在传播学中，还有一种受众理论。所谓受众，即信息的接受者。受众对于传播信息的认同程度是传播效果好坏最真实的反馈。大学生在接受和消化教育信息后，思想观念的转变或者发展情况，是对高校思政教育效果的直接体现。

在接受理论中有一个比较核心的概念为"期待视野"，是指文学接受活动中，读者原先各种经验、趣味、素养、理想等综合形成的对文学作品的一种欣赏要求和欣赏水平，在具体阅读中，表现为一种潜在的审美期待。它具有定向期待和创新期待双重作用，定向期待引申到思政教育领域是教育对象基于原有的思维和意识对于某一问题进行选择和取舍的一个标准，而创新期待是教育主体通过调节主动地适应客体的能动性表现。

思政教育实效性不强，有一个重要的原因就是教育者对于教育对象的期待视野关注度不够，把握不够精准，忽视了定向期待在思政教育过程中的作用。从接受理论出发考虑思政教育实效性问题，教育者应该充分把握大学生在接受这一过程中的主观能动性。思政教育的效果要契合预期目标，不能一味地灌输已有的知识与规范，而是要通过一定的方式方法使教育对象能够自觉地接受和认同，自觉形成正确的价值观念。

接受美学认为，全新的、没有阅读过的作品称为"第一文本"；读者阅读过的作品称为"第二文本"，"第二文本"夹带着读者思想感情。思政教育中，教育工作者根据课程大纲计划传授的知识是"第一文本"，而教育对象通过对知识的吸收与理解，并且内化形成的自己的认知是"第二文本"。教育对象主动学习理解教学内容并且形成自己的认知与行为，类似于"第二文本"的形成，也是对于现阶段思政教育成绩的体现。基于这一理论，想要最大程度地发挥高校思政教育的效果，要充分认识到不同教育对象的能力素质、接受程度之间的差异，有针对性地开展教育教学活动。

第四章　高校思政课"金课"建设

　　思政课"金课"建设是高校教学质量改革与创新中的重点和难点，是提升高校人才培养质量的迫切需要和必然选择，因此，我们应当以培育担当民族复兴大任的时代新人、巩固和发展中国特色社会主义事业的战略眼光来看待思政课"金课"建设。通过全面剖析高校思政课"金课"的内涵和标准，并在深入分析的基础上总结出"金课"建设的路径，可以为思政课教学提供有效的参考和依据。本章分为高校思政课"金课"概述、高校思政课"金课"的建设标准、高校思政课"金课"的建设路径三部分，主要包括"金课"的内涵、高校思政课"金课"的内涵等内容。

第一节　高校思政课"金课"概述

一、"金课"的内涵

(一) 概念界定

　　自教育部正式提出"金课"以来，有关其概念这一基本问题并未厘清，虽有学理性探讨但没有明确定义。

　　究其根本，"金课"是新时代提出的词，指为适应新时代高等教育人才培养新要求，以高校所有课程为约束对象，在各环节和全过程体现高阶性、创新性、挑战度，能够有效激发学生学习兴趣和潜能、促进学生全面发展的课程。"金课"的提倡和打造是对低质课程的"挤水添金"，切实为高校课程活性、学生活力、教师动力注入强大的生命力，进而为人才培养质量保驾护航。

（二）特征

教学与课程的逻辑之争是一场从未停止过的学术论辩。这里主要基于大课程论的视角探究学生视角下的"金课"特征。泰勒原理虽遭到后现代主义的批判，但其为课程研究提供的理论框架依旧是"金课"理论探析的基础。

拉尔夫·泰勒（Ralph Tyler）关于课程的四个基本问题为现代教学改革提供了课程的理论框架，也揭示了组成课程的四个部分，即课程目标、课程内容、课堂教学、课程评价。纵使后现代主义提出了新时代的批判和解构，但在课程研究领域泰勒原理仍占重要地位。因此，这里以泰勒原理为分析课程的架构来探究"金课"的特征。

在推进高校"金课"建设的过程中，国家及教育部关于"金课"和教学改革的文件颁布尚少，高等教育的探究者和实践探索者也大多在探讨对"金课"内涵、建设路径等的认知，关于"金课"特征的探讨并未形成统一定论，且其中缺乏对"金课"特征在学理上的探讨，这易使"金课"建设因缺少理论支撑而沦为空谈。基于此，下面以泰勒原理为理论指导，在梳理学者研究和政策文件的基础上，深入剖析"金课"在课程目标、课程内容、课堂教学、课程评价四个维度的特征。

1.课程目标维度的特征

（1）立德树人是根本目标

"德"乃道之载体，既为个体理想信念铸魂，又为人才强国助力。"立德树人"是习总书记关于高等教育发展方向的重要论断。立德树人的成效是检验学校一切工作的根本标准，也是教育部对高校建设的上层要求。

各级各类院校都要坚持社会主义办学方向，树立以立德树人为根本的培养目标。这既是基于特殊国情和制度优势的客观要求，也是对"为谁培养人""培养什么样的人""怎样培养人"问题的战略性回应。高等教育阶段是学生三观形成的关键阶段，故而高校应以"树人"为核心，以"立德"为根本，引导学生"明大德、守公德、严私德"。

"金课"承载着教书和育人的重任，更是高校教学改革的价值追求，立德树人理应成为"金课"建设的根本目标。

（2）德智体美劳全面发展

马克思关于人的全面发展学说为我国教育目的的确立提供了理论基础，"德智体美劳"五育发展是全面发展学说的中国化成果。"培养德智体美劳全面发展的社会主义建设者和接班人"是社会主义现代化背景下高等教育的人才培养方向。

"德智体美劳全面发展"是人才培养的素质结构的一般性表述和普遍性要求，故而"金课"的课程目标要牢牢抓住新时代培养"德智体美劳全面发展"人才的总体规格和根本目标。德育是"金课"教学的首位和灵魂，要坚持立德树人、育人为先的基本原则；智育是其他四育的认识基础，更是"金课"教学的重要环节；体育为四育夯实物质基础；美育和劳动技术教育则协调各育的具体运用。

（3）以需求为导向，目标由远及近

国家教育目的、学校培养目标、课程目标、教学目标是层层递进的细化表述，教育目的是国家关于培养人才质量和规格的理想设定，规定了"为谁培养人"和"培养什么样的人"的问题。学校培养目标则是高等院校根据国家教育目的和当地社会发展需求，并结合自身特色和专业发展的目标具体化。课程目标是高校专业培养落实到课程层面的细化。教学目标是教师关于每节课的学生预期学习结果的表述，更是指导学生完成学习目标的关键。因此，"金课"的目标设定应遵循目标之间的内在逻辑关系，在充分体现社会主义教育目的的基础上，准确把握学校专业培养目标，以新时代对人才的需求为导向，由远及近落实在教学目标上。

（4）目标由低到高，层次分明

课程目标的确定是对"金课"运行过程的整体把控，目标设定要在尊重学生个体差异和知识逻辑体系的基础上由低到高，层次分明。美国教育心理学家本杰明·布鲁姆（Benjamin Bloom）的认知目标分类法将学生的认知发展分为六个不同的层次，其学生安德森 (Anderson) 等心理学家随后在此基础上进一步完善，将学习者认知过程依次分为记忆、理解、应用、分析、评价、创造。"金课"应以记忆、理解、应用的低阶思维为基础发展培养分析、评价、创造为主的高阶思维。

此外，课程教学是学生知识积累到能力塑造进而素质培养的递进过程，"金课"的教学目标应根据学生实际学习水平和教学内容的不同层次设定，保证每位学习者都能接受恰当的挑战。

（5）"金课"课程目标具备综合性、操作性

课程目标是教育目的的具体化，也是明确课程内容、教学方法，以及进行课

程评价的依据。如果缺乏课程目标，课程内容、教学方法、课程评价方面就会变得盲目。因此，"金课"课程目标具备综合性、操作性。

第一，"金课"课程目标的"综合性"。"综合性"是指课程目标要综合知识、能力、素质三个方面进行设定。课程目标本身就是一个综合体，在设定课程目标时必须考虑到目标体系的横纵关系，既要满足上下位目标的要求，又要考虑不同的课程类型、学生情况等要素，才能使目标更具有导向功能与标准作用。

第二，"金课"课程目标的"操作性"。"操作性"是指课程目标的制定必须力求清晰、具体，如果课程目标含糊笼统，会使教师在明确课程内容、教学方法，以及进行课程评价等方面无所依据。课程目标不明确、具体，就像航行的船不知道具体的目的地，难免迷失方向或走弯路。

2.课程内容维度的特征

（1）对接市场需求，符合学生发展

"金课"应落实以学生为中心的教学理念，并以市场需求为导向组织课程内容。OBE（Outcome Based Education）教育理念，又称成果导向教育，最初新兴于美国和澳大利亚的基础教育领域的改革，20世纪80年代后逐渐盛行于西方国家的教育改革中。在社会主义市场经济下，我国高等教育也逐渐接纳并运用OBE教育理念。美国学者斯派蒂（Spady）将OBE阐释为"目标明确地聚焦和组织教育系统，从而保证学生能够围绕培养目标而开展学习活动，使学生在毕业时获得实质性的学习成果"。

"金课"课程内容的设计应遵循成果导向原则，对接市场需求进而决定学校的培养目标，再由培养目标决定学生毕业要求，最终组织教学内容。这样能最大限度地保证教育目标与结果的一致性。

"金课"的课程内容还应根据学生专业背景和实际情况，将学生高度关注和感兴趣的现实问题融入其中，切实考虑学生的诉求以满足个性化教学需要，以期提高高校课程的满意度以及学生的社会适应度。

（2）内容丰富全面，资源形态多样

正如约翰·亨利·纽曼（John Henry Newman）所言："大学是一个传授普遍知识的地方。""金课"建设应将通识教育和专业教育结合，为学生建构广博专精的知识结构。丰富全面的"金课"内容能帮助学生拓宽视野，以达到思维和心理的全面提升。"金课"建设需要形态多样的教学资源做支撑，单一的书本教材难以满足学生个性化需求。随着信息技术与高等教育的深度融合，"互联网＋高等教

育"已然成为共享优质资源的新形态，数字教材、在线资源以及书本的整合实现学生泛在化学习，真正打破教学内容在时间、空间上的局限，满足学生随时随地碎片化学习需求。

（3）课程内容要具有挑战度

挑战度要求教师作为教学组织者要花费时间和精力备课、讲课，作为学习主体的学生要在课堂教学中花费时间学习和思考。于学生而言，挑战度可有效激发学习动机和学习潜能，运用综合能力解决复杂问题，让学生在原有知识经验基础上发现创造新知识，在已知的基础之上创造新知才是学生在课堂参与中的最高收益。于教师而言，挑战度可促使教师在学术方面不断开拓创新。

（4）"金课"课程内容具备前沿性、思想性、跨学科性

课程内容，是"金课"建设的核心。只重视如何教学、如何评价的"金课"只能称作"镀金课程"，只有课程内容与课程评价都符合"金课"的要求，才是真正的"纯金课程"。约翰·S.布鲁贝克(John S. Brubacher) 说过"高等教育研究高深的学问"，因此大学课程必须体现高深学问的特征，也就是课程内容必须具备前沿性、思想性、跨学科性。

第一，"金课"课程内容的"前沿性"。"前沿性"体现在课程内容要紧跟本学科前沿，及时将学科最新的知识纳入课程内容中。传统的课堂一本教材打天下，然而时代在变、学科在变，理论指导实践，实践也作用于理论，课程内容必须与理论、实践齐头并进，人才培养质量才会大大提高。

第二，"金课"课程内容的"思想性"。"思想性"是"金课"的内在要求和属性，主要体现在课程内容要承担德育的功能。中国特色社会主义已经进入新时代，新时代高等教育人才培养更加强调"立德树人"，因此注重与挖掘课程内容的德育功能和价值，是"金课"的重要标准。

第三，"金课"课程内容的"跨学科性"。跨学科性意味着"金课"的课程内容要具有一定广度，避免学生出现"知识孤岛"的现象。人类学家克利福德·格尔茨(Clifford Geertz) 曾论述，跨学科知识的整合学习与研究不仅是创新知识领域，而且是知识规则的改变。建构主义主张新的知识经验应建立在学生原有知识经验基础上，因此"金课"在课程内容上要根据学生的实际水平在不同学科之间建立有效递进和交叉关系，使学生在原有知识经验基础形成交叉学科的学习能力。

3. 课程教学维度的特征

（1）教授全员授课，师德师风为先

"教师是教育发展的第一资源"，教师是新时代建设高质量"金课"的重要支撑。教授作为高校教师队伍中的精锐骨干，他们在自己所擅长的领域承担着教学和研究的双重职责。教授具有扎实的专业基础，他们可将掌握的专业知识体系和前沿发展动态教给学生。因此，在"金课"建设中，教授应明确教学主体责任，将研究领域内的前沿成果融入课程内容中，为"金课"在课堂实施方面增"金"去"水"。

师德是一切教育工作者在教育活动中必须遵守的职业道德，良好的师德才能凝聚成良好的风尚，尊师重教才能蔚然成风。师德师风为教师铸魂，坚定的职业信念和道德修养更能行之有效地落实立德树人。

（2）教学能力高，教学方法多样

教师的教学能力是支持教师在各种教学情境中有效开展教学活动所必需的个性特征、知识、技能、态度的综合。因此，新时代背景下"金课"教师应将以学生为中心作为教学理念，教学态度认真、治学严谨并形成自己独特的教学风格，科学合理地组织教学内容，根据学生学习能力水平选择教学方法，深入有效地进行课堂互动，使课堂教学更具有教育性、艺术性、情感性。

教师还应因课制宜、因生授课，选择多样性的教学方法。大学生拥有不同专业背景且思维水平和学习能力处于不同层次，教师在组织教学活动时需考虑学习者的差异性来选择教学方法。教育现代化和信息化的发展正催生着教学模式的改革，信息素养成为"金课"教师的内在要求。教师将信息化手段运用于教学实践中，整合线上、线下、线上线下混合、虚拟仿真、社会实践等教学方式为学生提供实时、优质、个性化的教学服务。

（3）以学生为中心，课堂有效参与

人本主义主张教学应充分发挥学生主体的潜能和价值。"金课"应坚持以学生为中心，实现从传统的"教师传授知识"向"学生发现知识"的转变，即从"传授模式"向"学习模式"的转变。以学生中心要聚焦以学生学习、学生发展、学习成果为中心。课堂教学过程中教师要由"导演"变为"观众"，学生要由"观众"变为"演员"，切实突出学生主体地位，让学生在教师的指导下自主发现、解决问题，自主建构、创造知识，掌握自主学习的方法。

课堂有效参与要确保质量和参与度，即保证课堂教学中所有层次的学生积极主动参与互动，并在学习事件中进行认知、思维、行为、情感的高层次参与。课堂有效参与更在于学生全脑参与，"金课"教学应遵循学生大脑的认知规律，科学合理地进行全脑教学，促进学生身心的全面发展。

（4）"金课"教学方法具备自主性、思辨性

教学方法，是"金课"建设的抓手。教学方法是教师完成教学任务，达到课程目标的桥梁，教学方法的运用是否得当直接影响着课程教学质量。

第一，"金课"教学方法的"自主性"。"自主性"是指学生的学习自觉性。要实现"思辨性"，必须以"自主性"为前提。"金课"建设的最终目标，是促进学生发展，而学生发展必须以学生的主动发展为基础。因此，无论是课程内容还是教学方法，都要充分调动学生的主观能动性，视学生为知识的主动学习者而不是知识的被动接受者，培养学生自主学习的能力，形成终身学习的观念。

第二，"金课"教学方法的"思辨性"。"思辨性"反映在对复杂问题的思考与解决复杂问题的思维训练方面。"金课"对学生思辨能力的训练，需要引导学生对现有学术假设进行思考，这种思辨不仅是"是什么""为什么"这样简单的思考，更是建立在复杂因果关系、隐喻、普遍联系基础上的深度思考。

（5）"金课"师资队伍具备发展性、常态性、积极性

师资队伍是"金课"建设的关键，优秀的师资队伍是"金课"建设的灵魂，没有质量过硬的教师队伍，就没有质量过硬的课程。因此，师资队伍具备发展性、常态性、积极性三个标准。

第一，"金课"师资队伍的"发展性"。"发展性"指的是师资队伍质量高，后备人才充足，能保障"金课"建设的可持续发展。师资队伍水平的高低、后备人才充足与否，直接影响着"金课"建设的成效与后续发展的潜力。

第二，"金课"师资队伍的"常态性"。"常态性"反映在教师不断更新自身的知识体系，不断提升自身的专业水平、精进教学技能，拥有终身学习的理念。师资队伍的综合质量决定着"金课"建设的综合质量，没有质量过硬的教师就没有质量过硬的"金课"。

第三，"金课"师资队伍的"积极性"。"积极性"是指教师要对科研和教学都充满热情，科研要抓好，教学也要抓好，要做到"重科研也重教学"。

4.课程评价维度的特征

（1）课程评价的目的在于以考辅教、以考促学

理念是人们对客观事物的看法和观念，"金课"的课程评价要摒弃传统"分

数"崇拜观，树立以考辅教、以考促学的观念。潘懋元先生曾言："长期以来人们忽视了对作为教育主体的大学生学习的研究，忽视了从教学的本源上去解决质量问题。""金课"的评价更应注重师生双方的评价，对于教师的评价目的在于促进教学反思，对于学生的评价目的在于促进个体发展。

（2）评价内容扩展、形式多样、主体多元

"金课"的评价要摒弃传统的"高分低能"，要做到知识、能力、素质的全面发展，从多层次、动态化、多主体进行课程评价。评价内容要针对不同学科特点、不同培养目标和学生差异，灵活而不失原则地选择。

单一的评价方式不足以获得全面的评价结果，因而"金课"在课程评价形式上要整合诊断性评价、形成性评价和总结性评价，评价过程还应运用大数据和智能评价工具进行评价将质性评价与量化评价相结合，为学生和教师呈现公正透明的评价结果。

建构主义强调课程标准的动态化、主体的多元性和互动性。于教师评价而言，应注重自我反思和同行评价相结合；于学生学习成果的评价而言，应将教师评价、自我评价、生生互评相结合

（3）"金课"课程评价具备开放性、多元性、科学性

课程评价，是"金课"建设的关键。"金课"要求课程评价要注重过程性评价，要能够客观反映学生的综合水平，有较好的反馈效果，学习结果要体现探究性与个性化。因此，"金课"课程评价具备开放性、多元性、科学性。

第一，"金课"课程评价的"开放性"。"开放性"体现在评价不再拘泥于标准答案，而是采用全新的评价方式，让学生自主思考、探究，自主寻找问题的答案，将学生的个性特点发挥出来，既增加了课程的难度，也增加了学习的深度。

第二，"金课"课程评价的"多元性"。"多元性"反映在课程评价由多个主体共同参与，体现了以学生为中心的理念，尊重学生的个性发展，增进了教师与学生、学生与学生之间的感情，增加了课程"温度"。

第三，"金课"课程评价的"科学性"。"科学性"是指课程评价要对学生在整个学习过程的学习效果与个人表现进行全面、有效的反映，强调学生在学习过程中的体验与感受，关注学生知识与技能学习的同时更关注学生在学习过程中是否得到了全面发展。

二、高校思政课"金课"的内涵

(一) 高校思政课"金课"的概念界定

对于高校思政课"金课"的概念界定，需要将习近平总书记对思政课的要求以及教育部高教司司长吴岩提出的"两性一度"（高阶性、创新性、挑战性）作为基本遵循和根本原则。换言之，高校思政课"金课"应当同时具备思想性、政治性、理论性、亲和力、针对性与高阶性、创新性、挑战度。

高校思政课"金课"应该是坚持以学生发展为中心，以增强学生获得感为目标，教学内容体现前沿性和创新性、难度合理，教学方法灵活有效，考核评价体系健全，立德树人成效显著的铸魂育人课程。

(二) 思政课"金课"的重要意义

高校肩负着培养社会主义人才的神圣职责和使命，加强思政教育，是落实立德树人根本任务的要求，是为社会输送思想道德素质过硬的人才的有力保障。努力打造思政课"金课"，加强对大学生进行思政教育，有利于帮助大学生形成正确的价值观和职业观，有利于为社会培养道德品质高尚、技能扎实的优秀人才。

高校思政课教师要结合大学生的特殊性，从实际情况出发，有针对性地开展思政教育，帮助大学生树立科学的价值观与职业观，使学生把全部精力投入知识学习以及职业生涯发展中。高校开展好思政课，努力打造思政课"金课"，有利于建设高水平教育，践行立德树人根本任务。

第二节　高校思政课"金课"的建设标准

一、政治性标准

政治性是思政课"金课"建设的方向。在政治性上，思政课"金课"建设显得比其他课程更为突出，这一点是不言而喻的。习近平强调："办好思想政治理论课，最根本的是要全面贯彻党的教育方针，解决好培养什么人、怎样培养人、为谁培养人这个根本问题。"

高校思政课首要解决的是"为谁培养人"的问题，这是"金课"建设方向性的、根本性的问题。党的十九大报告对这一问题做出了明确的回答，即"要全面贯彻党的教育方针，落实立德树人根本任务，发展素质教育，推进教育公平，培养德智体美全面发展的社会主义建设者和接班人"。

"怎样培养人"，具体来讲，培养方式就是"发展素质教育，推动教育公平"。"培养什么人"，亦即培养的目标，就是要培养"德智体美全面发展的社会主义建设者和接班人"和能够担当民族复兴大任的时代新人。

相对于大学其他课程而言，思政课"金课"建设的政治性更加明确、突出，为其他课程教育提供了方向、目标，也就是要为"党的社会主义事业"培养德才兼备、政治合格的人才。

二、思想性标准

习近平总书记指出，要"推动思想政治理论课改革创新，不断增强思政课的思想性、理论性和亲和力、针对性"。大学生从小到大耳濡目染，对国家政治语言早已耳熟能详，从表面看，现有教学内容对他们缺少新鲜感。要吸引学生的注意力，最好的方式是在思想上能够给学生以启迪。

所谓思想，就是去想他人、社会、国家和世界。思政课的思想性在于帮助学生启迪思想，陶冶情操，培养家国情怀。教师和学生的获得感主要在于师生及学生之间的思想交流和思维碰撞。因此，思政课要讲得有政治理论深度，能够从根本上彻底讲明马克思主义理论的真理性；要善于把握教育契机，聚焦教学重点、社会热点、理论难点、思想疑点，让教育内容蕴含思想魅力。那种在思想上认为强调思想性会削弱政治性，在行为上忽视对马克思主义经典著作的研究，甚至流于断章取义的理解或教条主义运用的做法，也是极其有害的。

三、高阶性标准

"金课"的高阶性旨在提高学生的知识、能力、素质，进而培养学生的解决复杂问题的综合能力和高级思维。

布鲁姆和相关学者的认知目标分类理论为高阶思维提供了相应的理论基础，将学习者的认知发展过程分为记忆、理解、应用、分析、评价、创造六类，"金课"则是以发展学生分析、评价、创造等高阶思维为主。

课程内容是"金课"目标的载体，必须兼顾知识技能、思维能力和素质培养三个方面。因此，高阶性要求高校以广博知识的视角去钻研专业领域，鼓励各专业领域的素质与能力培养。

四、创新性标准

创新性标准体现在高校思政课的教学内容、实施过程、学习成果三方面，具体阐述如下。

首先，"金课"内容要具有学科前沿性和社会主义时代特征。中国高等教育经历了70多年的风雨迈向了内涵式发展的新时代，更要创新课程内容的呈现方式，充分推动网络信息技术与课程内容的融合，通过慕课、小规模限制性在线课程等课程资源新形态来实现"金课"内容的丰富全面，以满足学生个性化、自主探究式的学习需要。

其次，创新性要求课堂教学具有先进性和互动性。"金课"要在新一轮科技革命驱动教育变革的契机下实现"互联网＋高等教育"和"智能＋高等教育"，满足学生跨越时间、空间的需求。

最后，创新性要求学习成果具有个性化和探究性。有效的课程评价是判定教学成果和学习成果的关键所在，因此"金课"要创新评价理念、指标体系、评价主体以及评价环节，实现形成性评价和终结性评价相统一，设置全面客观的评价标准来考核课程效果。

五、挑战性标准

挑战性是指"金课"一定要具有相当的难度和深度，教学作为教师和学生的双边活动，"金课"的建设要求教师和学生都忙起来、跳起来。对学生而言，挑战性可以刺激学生的潜能，让学生在知识的突围中体验学习的收获感和满足感，进而培养学生探究高深知识的高阶思维能力。对教师而言，课程内容要对知识进行整合和综合应用，学习问题要涉及学科前沿。

因此，"金课"建设的挑战性标准旨在将教师和学生组织到一起，共同探寻解决问题之道，学生不应该成为知识的被灌输者而是发现者，教师是挖掘学生无限可能性的摆渡人，在教学实施过程中要积极摒弃主宰者的角色。

在"金课"中，师生就有价值、有内涵、经过反复验证和推敲的知识进行对话，而不是陈旧过时的经验、琐碎的家长里短、偏激的个人情绪，甚至是毫无营养的八卦新闻。学生有机会表达自己对知识的见解，由知识引发自己对生活经验的思考，与班内学生和教师共同体会知识的精妙之处。

在对知识进行反复琢磨和讨论的过程中，教师和学生之间、学生和学生之间会进行思维碰撞，学生通过聆听他人的见解，能够从不同角度出发对事物进行多方面的认识，教师也加深了对学生的了解和认识，有助于设计更贴合学生实际情况的教学方案。与浅层次的交流相比，这种深度交流能够帮助师生、生生建立更亲密的情感联系，见解相似的学生甚至能达到惺惺相惜的境界，课堂对话从而升华为心灵的对话。

第三节 高校思政课"金课"的建设路径

一、提升教师素养

思政金师是思政课"金课"规范运行的保障，如果没有金师，就难有"金课"。想要打造新时代高校思政课"金课"，学校的思政教师需要理想信念坚定、工作能力精湛和教学艺术水平高超。思政教师要上好"金课"，首先需要从自身出发，提升职业素养。

（一）坚持立德树人

办好思政课"金课"的关键在于教师。思政课教师不仅是知识的传授者、课堂活动的组织者、教学方法的施行者，更是学生思想品质的引领者。锤炼一支德才兼备、信仰坚定、敢于创新的优秀思政教师队伍意义重大。思政课教师要坚持弘扬主旋律，守好意识形态教育的主阵地，传播正能量，补足精神之钙；补牢知识技能短板，筑牢以"德""信""情"为核心的师德之魂，才能做到以理服人、以情动人、以身正人，成为一名乐为、敢为、有为的新时代思政教师。

高校要采取多种措施，激发思政课教师的积极性、主动性和创造性，不断改善思政课教师的工作条件，完善思政课教师的奖励考核制度，让思政课教师能在工作中感受到成就感、幸福感、获得感，让思政教师能把更多的时间和精力投入到教学研究中，提高教学质量，做好立德树人工作。

（二）提高思政课堂教学艺术

思政课"金课"教学需要教师善于运用教学艺术，教学艺术具体可概括为教学幽默、教学机智、语言艺术、板书艺术、仪容仪表和批评表扬6个方面，具体内容如表4-1所示。思政教师在组织课堂教学过程中要下大力气，利用课堂40分钟把学生的潜能充分挖掘出来，能在润物无声中让学生把所学知识内化于心。

教师要想轻松把控课堂教学，必须懂得教学的艺术，在教学设计和教学手段的选取上，缜密思考，精心设计，提高教学艺术水平，这样才能打造出师生都喜爱的思政课"金课"。

表4-1　思政教师的教学艺术

教学幽默	思政教师利用幽默感，让学生在轻松愉快中学习，在融洽的师生关系、活跃的课堂氛围中掌握知识
教学机智	思政教师能够迅速、灵活和准确地针对课堂突发状况做出判断与处理，维持课堂教学动态平衡
语言艺术	教师讲课语言生动形象，通俗易懂，声音大小和语速适中，声调讲究抑扬顿挫，富有变化；语言幽默风趣，感召力强
板书艺术	思政教师在板书的书写中，总体布局合理、图形设计优美、色彩搭配适当、知识结构清晰、图文结合、字体端正秀丽或苍劲有力
仪容仪表	思政教师好的仪容仪表会带给学生美的享受，衣着干净整洁、大方得体
批评表扬	思政教师在学生犯错时，能够采取适当批评和表扬的方式，对学生的表扬在一定程度上可以促进学生的进步和发展

例如，某位教师在讲授《经济政治与社会》第13课"推动社会主义文化繁荣兴盛"时，普通教学授课方式和"金课"标准授课方式形成了鲜明的对比，完整的一节课从课堂导入到布置作业结束，"金课"教学始终展现着教师浓厚的教学艺术。

在语言艺术上：语言通俗易懂、声音大小合适、语速适中，声调抑扬顿挫，富有变化；在仪容仪表上：着装可进行变换，穿汉服和旗袍；在课堂活动上：可采用分组讨论和游戏的方式等；在板书设计上：可采用不同的字体或用不同颜色的粉笔板书加强对比或板书字体苍劲有力、布局合理等。

在"金课"教学中，教师用通俗易懂的语言讲解理论，把抽象的理论通俗化，把深奥的道理浅显化，教师用"接地气"的语言把深奥难懂的理论讲深讲透，协调的肢体表达富有激情，用学生爱听、想听、愿意听的语言，让思政理论入耳、入脑、入心，从而引起学生情感上的共鸣。

(三) 提高理论素养和业务能力

思政课"金课"教师必须具备较强的理论素养和业务能力。教师在讲授理论知识时，能否做到深入浅出、浅显易懂，教师本身的理论水平起着至关重要的作用。教师要想灵活处理教学内容，必须具备扎实的专业知识和理论基础，做到真信、真懂、真学、真用马克思主义理论。全面而系统地掌握马克思主义基本理论和基本原理，内化于心、外化于行，能够加强理论研究，以"思维新""视野广"为目标，提升理论素养，运用基本原理分析现实中的问题，用清晰易懂的语言解答学生在学业、生活等方面的解惑。

教师不仅要有丰富的知识储备，还要具备把知识教给学生的能力，因此，教师要重视积累自己的教育理论知识，提升自己的教学能力，努力做一名既有渊博知识，又擅长传授知识的优秀教师。教师的业务能力包括整合教学内容的能力、把控课堂的能力、交流沟通的能力和运用信息技术能力等多个方面。例如，在新时代，信息化技术快速发展，教师就必须有一定的计算机基础，能够利用多媒体进行教学。提升教师业务能力的途径主要有以下两种。

一是争取提升学历和尽可能多地参加校外培训。一方面，思政教师可以通过提升学历来提高自身的能力；另一方面，教师应尽可能多地参加校外各级各类的培训，在学习中吸收新知识，掌握新技术，积累实践教学经验。

二是紧抓校内学习提升的机会。学校一般都会开展各种教育教学活动，如传帮带活动、集体备课、同课异构活动、名师讲座等。传帮带活动，即有经验的教师一对一指导经验欠缺的新教师。集体备课有利于集中教师的集体智慧，在思维碰撞中找寻最佳的教学呈现方式。同课异构活动有助于帮助教师取长补短，打开思路，优化教学设计，提升教学能力。思政教师会在思政教学名师的讲座交流中受到启发。思政教师应该积极参加研修活动，夯实教学基本功，提高理论素养和业务能力。

（四）提高教师的人格魅力

高尚师德塑造人格魅力。"德高为师，身正为范"，高尚的道德修养和崇高的精神境界是"金课"教师必备的素质，思政教师要不断提高自身修养，展现人格魅力。教师是否热爱学生是评判教师魅力的重要因素，教师对学生有爱，学生才会用自己的方式爱教师，才能更乐于接受教师的教育。

教师爱学生，首先就要全面了解学生、关心学生，用温暖的话语鼓励学生战胜困难；用巧妙的语言化解学生的窘境；找到学生的优势和特长，帮助学生建立自信心；学会换位思考，理解学生。教师爱学生还要求教师尊重学生、信任学生。

教师尊重学生，就不能伤害学生的自尊心，要学会放手，学会相信学生，让学生从内心感觉到教师是爱自己的，教师的出发点都是为了自己得到更好的发展。阿尔伯特·爱因斯坦曾经说过："学生对教师的尊敬的唯一源泉在于教师的德与才，无德无才的教师是绝对不可能受到学生的爱戴与尊敬的。"

由此可见，教师的渊博学识会让学生看到教师的智慧，爱学生的教师才能得到学生爱的反馈，从而让学生不自觉地亲近教师，甚至模仿教师，使学生在无形之中完善和提高自己。

二、重塑教学理念

（一）注重培养高阶能力

当今社会不仅对人才的身体素质、思想政治素质、知识素质和心理素质等基本素质有较高的要求，更注重人才的批判思维能力、团队合作能力、创造创新能力、学习能力、决策能力、自我管理和可持续发展能力等高阶能力。

学生在思政课的学习中，不仅要拥有从信息中获取知识的能力，掌握对信息收集、整理、运用的能力，还要做到知识和能力、素质的有机融合，以此提升解决复杂问题的综合能力和高阶思维。因此，在高校思政课"金课"的建设过程中，课堂教学目标的设定、教学过程的实施、教学方式的选择、课后作业的布置、教学考核方式的制定都要服从、服务于培养学生的高阶思维和高阶能力。

（二）发挥学生的主体作用

思政教师与学生是课堂教学的两大主体，只有这两大主体共同发力，才能打造出高质量的思政课"金课"。发挥学生的主体作用，就是要想办法激发学生的学习积极主动性。具体来讲，可以从以下三方面着手调动学生的主动性。

1. 培养学生的主体意识

习近平总书记强调，时代的责任赋予青年，时代的光荣属于青年。高校是青年学生的聚集地，是国家赋予重要使命的根据地，一代代中华儿女从高校毕业，阔步向前，书写属于自己时代的篇章。由此可见，高校在我国伟大事业的实现中发挥着至关重要的作用，其培养的是为国奋斗的中国新青年。

思政课在培养为国奋斗的中国新青年中发挥着重要作用，其要做的是用习近平新时代中国特色社会主义思想激发学生的主体意识和自觉主动性。如果在思政课教学中没有主体意识，学生就无法理解党的方针政策，无法体会到自身在国家建设中的重要地位，无法为了中华民族的伟大复兴而奋斗。只有学生本身具有主体意识，才能在各种挑战中迎难而上，坚定信念。

因此，对学生来说，首先要找准自身定位，知道国家对自己的期望，知道自己对国家的重要性，知道自己身上担负着实现中华民族伟大复兴的重要使命，这是无论如何都无法改变的。作为亿万人民的希望，脚下走的每一条路都是为了国家，树立这样的理想信念是激发学生主体意识的前提。其次，有目标就要有行动，对学生来说，主要的任务是学习，对待思政课，无论是思政课堂上还是参与实践教学，都要充分挖掘自己的兴趣，找到适合自己学习的方式方法，并不断根据实际进行调整，这样在思政课 "金课" 上才能在学习马克思主义理论的同时运用理论解决生活中的问题，才能推动教学改革向前，才能无愧于社会主义接班人的重任。

2. 端正学生的学习态度

态度决定行为，学生的学习态度直接关系着主体性发挥的程度。思政课不仅仅是一门必修课程，而且是用马克思主义 "三观" 占领大学生思想阵地的核心思想课程。如果不能正确地对待如此重要的核心课程，那么这是学生学习过程中最大的遗憾。学生只有端正对思政课的态度，认清思政课在学习过程中的重要性，才能有足够高的觉悟去完成时代重任。

因此，学生必须端正对思政课的态度，专业课是必修的，能够培养自身的专业能力；思政课同样也是必修的，重视每一门思政课，课上不懂就问。同时学生也要做到课下主动预习和复习思政课的教材内容，并结合相关资料进行查阅学习，也可以通过学生之间或者师生之间的交流及讨论进行课程的学习，积极发问，独立思考，善于总结。

课堂是发问的主要场所，学生要多问、多答、多互动，课外是巩固知识的第二场地，要多请教老师，把学到的知识灵活运用。同时学生要认可思政课改革，适应教师的每一种教学方式，要知道所有的教学方式都是想要更好地激发自身的动力，认识到这一点，教师的努力才不会白费，国家给予学生的希望才不会落空。这样的学习态度才是学生应该有的态度，才是社会主义接班人应该有的态度。因此，端正学生的学习态度，激发学生的学习劲头，提高学生对思政课 "金课" 的重视程度才能使学生在学习过程中充分发挥主体作用。

3. 拓展学生的参与方式

教学形式单一是造成不少高校的思政课教学效果不理想、思政课不受学生欢迎的原因之一。这就要求高校以深化实践教学改革为突破口，拓展学生的参与方式，推进思政课教学改革。高校思政课要立足第一、二课堂，依托网络的优势，开展网络课堂全覆盖，做到"面""面"俱到、多"体"联动。

首先，第一课堂历来是思政课进行教学的主阵地，主抓第一课堂是做好理论教育的根本。系统的马克思主义理论是思政课"金课"的理论基础，结合思政教育做好理论教育，同时做好"课程思政"，在专业课中渗透思政教育是对思政课的补充。其次，大力开展实践教学，通过志愿活动、座谈会、讲座、校园文化活动发挥隐性教育的作用，调动学生参与积极性，启动第二课堂的隐藏功能。最后，在互联网时代，要充分利用网络契机，适应学生认知规律。基于此，应抓住慕课提供的机遇，直面存在的问题，扬长避短，将"慕课"式线上网络课堂作为第一、二课堂的补充。通过大数据的应用，挖掘学生的兴趣点，组织学生通过讲演、PPT 展示等形式充分表达自己对某一问题的理解，扮演思想的讲授者和传播者，引导学生积极参与，更好地实现思政教育入脑入心的目标。

（三）培养学生的学习兴趣

兴趣是驱使学生学习的内在动力，要想打造思政课"金课"，就不能忽视学生兴趣的培养。学生对学习有兴趣，才会认真听讲；学生对学习有兴趣，才会积极参与课堂互动，课堂的氛围才能活跃起来。思政课的理论性很强，有很多抽象的知识，学生难以理解，若是教师不能及时讲明白、讲透彻，久而久之，学生就会失去学习思政课的兴趣。

此外，教师可以选取一些和教材内容有关的时事政治、贴近生活的热点案例用于教学，把时事政治、热点案例融入思政课堂教学，帮助学生养成主动关心时事、关注社会的习惯，培养学生学习思政课的兴趣。

思政教师可以将形式多样的活动引入课堂，思政课教学的实践活动形式多种多样，学习法律知识时可以设置模拟法庭，有争议的内容可以开展辩论会，情境性强的内容可以让学生表演，学习经济知识时可以让学生去市场做调查，可以让学生对有关问题展开讨论等。教师在课堂上还可以充分运用高超的语言艺术、丰富的表情姿态，激发学生学习的兴趣。

三、整合教学内容

（一）教学内容有深度

学界泰斗蔡元培曾言："大学者，研究高深学问者也。"高等教育不再仅是书本知识的学习，而是知识、能力、素质的综合提高。建构主义强调课程内容是学生在学习情境中主动与原有知识建构意义的过程，高深学问更有利于促进深度学习，进而培养高阶思维。高校思政课"金课"在教学内容层面的深度在于求真，教学之深有助于大学生提升思想深邃性和思维思辨性。

具体来讲，深度挖掘思政课教学内容要求思政教师从内容到形式，再从形式到内容，反反复复研究，遵循学生从感性到理性的认识规律，精心设计问题，启发学生思考，引导学生逐渐加深理解，培养学生分析问题的能力。有些大学生的学习基础弱，对政治制度、政治理论、经济法律等知识不感兴趣，也完全不了解。思政教师在备课时就可以把这些内容融入进去，让学生明白理论制度等内容也不是那么高大上，理论制度内容也可以"接地气"。

例如，在讲《经济政治与社会》第5课"全面建成小康社会"的内容时，思政课教师就可以联系精准扶贫政策，让学生明白我国小康社会目标的实现得益于社会主义制度的优越性，得益于党和国家的正确领导，引导学生培养民族自信心和自豪感，培养学生的爱党爱国热情。

在讲解"中国特色社会主义政治制度"时可以设计"我国的根本制度是什么？""我国的根本政治制度是什么？""我国的基本政治制度有哪些？""根本制度、根本政治制度和基本政治制度有何不一样？"几个问题，帮助学生区分几个不同概念。这样把几个容易混淆的知识放在一起对比着讲，能帮助学生在准确掌握知识的同时，对学生的思维能力和观察能力进行训练，有助于培养学生严谨治学的态度。

（二）教学内容有广度

思政课教学内容既高于生活，又来源于生活，因此，思政课的教学需要紧密联系实际生活。思政教师要科学合理地挑选素材，充实教学内容，激发学生的兴趣。素材是思政教学的重要资料，教师要从学生的认知与兴趣出发，搜集积极向上、有启发价值的素材用于课堂教学，激发学生的学习兴趣。

例如，2020年面对突如其来的新冠疫情，广大医护人员和志愿者积极响应号召，勇投疫情防控的阻击战，克服重重困难、不计个人私利。思政课教师在教学中可结合抗疫斗争一线人员的先进事例和无私奉献的精神，给大学生树立榜样，鼓励学生在奉献中成长，在实践中增长本领。

思政课与其他学科有着紧密的联系，其他学科知识里有丰富的素材资源可以为思政课所用。思政课教师要想准确找到思政课与其他学科的结合点，就需要熟知其他学科的教材内容，了解学生现有的知识结构，灵活选取其他学科中可用的素材用于思政课教学，以便达到更好的教学效果。思政课教学要与其他学科的知识相互渗透，需要思政教师有广博的知识积累。

例如，在讲我国小康发展不平衡时，可从地域、人口的分布和我国经济发展现状的解读两方面来讲解，这样讲课内容就会更加丰满，便于学生理解记忆。在讲"联系具有普遍性和特殊性"的内容时，可以让学生从自己掌握的其他学科知识中找联系，然后再引导学生分析知识之间的联系。从其他学科中选取素材，可以让学生体会到各学科之间的联系性，用自己已经积累的知识分析、学习新的知识，既可以减轻学生的学习压力，又可以让学生获得成就感。

（三）教学内容有新意

思政课教学内容要出新意，首先需要思政教师把思政小课堂与社会大课堂有机结合起来，及时把最新时事、社会热点引进课堂。教师可以让学生在课前几分钟分享自己搜集到的最新时事热点新闻，这样有利于促进学生养成家事、国事、天下事，事事关心的好习惯。例如，通过课前分享新闻，教师可以带领学生观看"全国脱贫攻坚总结表彰大会"视频，让学生直观体会社会主义制度的优越性，感受奋斗在脱贫攻坚一线工作者的不容易，从而激发学生的爱国热情，培养学生艰苦奋斗的精神。

其次，思政教师要善于把教材内容与学生的实际生活联系起来。教师在选用案例教学时，要结合学生学习的专业和生活的圈子，解答学生在生活和学习中遇到的问题。例如，教师在讲"建设生态文明"时，可以让学生说一说对垃圾分类的认识，引导学生实行垃圾分类，鼓励学生积极加入建设美丽校园、建设美丽社会的队伍。理论联系实际，能让教师把教材内容讲新讲活。

四、变革教学模式

（一）重视课堂导入

一个好的课堂导入，对提高整节课的教学效率具有较大的实践意义。高校思政课知识点繁多复杂，选取适当的新课导入模式对课堂教学质量的提升有着至关重要的作用。

1. 重视经验导入

戴维·保罗·奥苏贝尔（David Pawl Ausubel）曾指出："倘若使我单单用一

条原理来概括所有的教育心理学，那么我会用一句话来总结：能够对学习产生影响的唯一且最重要的因素就是学生认知结构中已经有什么，教师要搞清楚并基于此来实施教学。"其中，"学生认知结构中已经有什么"指的是学生已经拥有的知识经验与生活经验。高校思政是一门具有严格逻辑性与体系性的学科，通过相关问卷中学生对高校思政课"金课"教学的看法，教师需要通过设计合理的教学环节，有机地将新授知识与学生的已有经验联系起来，真正意义上促进学生的转变。

在引入时运用经验导入法，可以引导学生形成情感上的共鸣，为后续教学的高质量进行奠定基础。核心素养下高校思政课"金课"的经验导入包含如下三个方面。

第一，利用学生已有的学科知识经验进行。在新课改下，高校思政教材将复杂的知识内容分为了不同的模块，在模块内的知识前后都存在着紧密的联系，通过对学生已有的知识进行复习，引出新的知识。通过这种温故知新的方式，不仅能够引导学生进行及时的复习，帮助学生查漏补缺，还能把新的知识以简单、易懂的形式呈现，在一定程度上减弱了学生思索的难度，提升了课堂教学的知识基础，为高质量地进行高校思政教学提供了保障。

第二，利用学生已有的思政理解经验进行。上课时，先板书本节课即将学习的课题，引导学生对课题进行讨论分析，实现课题的导入。这种导入方式直截了当，将学生的目光与思维引入到核心问题的探究之中，能够提升学生的核心素养。这种导入方式一般是围绕授课题目导出一系列问题，教师在课前要换角度地进行思考，设计高质量的问题，同时要善于引导学生向着一定的方向思考。

第三，利用教师自身的社会经验进行。总体上，教师比大多数学生有着更多的生活经历，学生都具有向师性，对教师的经历颇为感兴趣。教师可以利用学生的这一特性，讲授自己与教学内容相关的经历或生活趣事，吸引学生的兴趣，学生的注意力，实现思政课"金课"教学的第一步——高质量地开始课堂授课。

2. 重视逻辑思维导入

众所周知，任何知识都不是孤立存在的，都具有逻辑上的依存性。笔者通过对学生的核心素养发展状况进行调查，发现在高校思政学科中，学生的逻辑性与思维性发展更为突出。思政知识间的逻辑依存性是学生学习和掌握思政内容的重点。教师要想加深学生对复杂知识的理解，需要运用逻辑思维导入，在正式新授课前引导学生探究知识的构成要素，还原复杂知识间的逻辑框架，在简化理解的同时激发学生对思政学习的热情，提升学生的逻辑素养。

具体来说，核心素养下高校思政课"金课"的逻辑思维导入方式包含如下三个方面。

第一，利用所学相似知识类比导入。比旧出新，完成学生思政学习的迁移，使整体的课堂教学过渡自然，让学生更好地接受新知识，减弱排斥心理。

第二，利用导入时提出的问题引发思考进行导入。通过对问题的思考，学生可以快速地开动脑筋，进入思考状态，为更深层次的教学提供宽广的思维空间。

第三，鼓励学生依照自主预习的内容提出相应的问题，利用学生的问题顺势进行思政课堂教学的导入。通过这种导入方式，教师可以准确地把控学生对新知识的理解与掌握程度，抓住学生思维的漏洞，有的放矢地进行后续的教学。但这种导入方式需要学生在课前真正静下心来进行预习，认真思考，探索问题，对学生的课前准备提出了较高要求。对于较有惰性的班级要适度谨慎地使用，避免适得其反。

3. 重视悬念导入

悬念导入在现阶段的新课改中指的是设计问题串进行整节课内容的导入。设计问题串时，教师需要紧扣新授知识的核心，由简到难，难度逐渐提高，直指思政知识的本质。问题串可以引导学生的思维逐步深入，为学生的思考提供具体的道路，培养学生日后独立思考与解决问题的能力。

通过问题串的形式进行课堂导入，学生在辨析、思考过程中能够直接体会思政本质，体现了思政课堂教学中的师生互动与生生互动，落实了培养学生核心素养的教育理念，并在问题探究的过程之中培养了学生的批判性思维，学生的思政核心素养也得到了提升。

（二）创新教学方法

创新思政课教学方法是打造思政课"金课"的核心。大学生思维活跃，容易接受新鲜事物，但他们的知识结构和思维方式还不成熟。思政课教师要深入了解学生，联系学生实际，积极探索最适合学生的教学方法，不断增强思政课的亲和力和针对性。教师要巧妙运用多种教学方法，让课堂灵动起来。

例如，在教学"职业生涯规划"的内容时，教师可以请优秀毕业生回校给学生讲解不同职业的特点和发展前景，鼓励学生积极从事感兴趣的事业，合理制定职业生涯规划。

（三）优化教学过程

教学过程是整个课堂教学的主体，高质量的高校思政课堂教学过程能为学生带来无穷的知识，也能潜移默化地促进学生情感态度价值观的形成，为学生核心素养和思政核心素养的发展提供了场所。在高校思政课"金课"构建的过程中，高质量的教学过程显得更为重要。

1. 注重完整教学

完整性是高校思政课教学的基本。思政教师要基于学生的已有认知经验，基于本班学生的发展状况，在课前进行精心的教学设计。在设计时要保证整体教学过程的完整性与连贯性，保证思政学科的逻辑性，不忽视任一知识点。在初次讲授某一知识时，要注意讲授过程的完整性，让大多数学生都能跟上思路，有所收获。教师亦要在心中提前把控整体教学过程，保障课堂教学完整、顺利进行。但完整的教学不是忽视学生的主体地位，而是要求在整体框架的基础之上，引导学生适时地参与课堂教学，构建独一无二的、完整的思政知识框架。

2. 注重通透教学

从思政学科特性与学生态度来看，高质量的思政课堂教学要直指思政学科本质。思政本质不仅要在基础知识、基本思想方法和解决问题的能力上得到体现，更要在课堂教学过程之中和思政研究成果上得到展示。所谓"通透教学"，是让学生对所学内容完全通晓和透彻理解的教学。教师应在思政本质的基础之上贯彻通透教学，紧抓思政核心概念的教学，让学生真正理解掌握概念和相关问题的发生发展过程。让学生不仅知其然，而且知其所以然。

另外，思政本质指向下实施通透教学，要加强思政知识的横向与纵向联系，协调思政基础知识与思政思想方法之间的联系，把基础知识融入思政体系，从而完善学生的认知结构，提升学生的思维能力。推进通透教学，就是让学生在思政学习过程中培育思政核心素养。

3. 注重深度教学

"金课"教学是高质量课程的统称。高质量的课程需要具有深度的教学过程，需要教师进行深度的教学。笔者在调查过程中发现，教师与学生都认为高校思政课"金课"教学需要具有一定的挑战性与教学深度。实施思政核心素养理念下的高校思政深度教学要紧扣围绕提升学生思政学科核心素养这一主题，要探究如何突破传统教学的"牢笼",引导教师"深度地教",让学生"深度地学"。要以"走进学生情感和思维的深处,触及思政学科的本质与知识的内核,打开学生学习与发展的内部转换过程,促进学生的自主发现和真正理解"为教学的着力点。

教师要聚焦课堂对话,促进深层理解。只有真正地触及学生的内心深处时,才能触发学生自主学习的源动力。《什么是教育》中曾提出:"训练是一种心灵相隔离的活动,教育则是人与人精神相契合、文化得以传递的活动。"这就意味着教育是心灵间的碰撞,是情感的融入与传承,而触及学生心灵深处的教学必然是对话式的教学。

在思政课堂教学中,要实现与思政教材的对话。教材是为学生提供丰富思政知识的钵体,也是教师与学生进行连接的纽带。教材并不是一个静态的工具,而是要利用学生的疑惑和好奇心实现与教材的对话,让学生真正理解教材的逻辑性与科学性,自主打造自己的知识体系。

有些问题在课本中并没有出现,如果教师只讲述课本中出现的知识点,不引导学生扩充与思考,就会缺乏与教材的对话,学生会出现"只见树木不见森林"的现象,进而对所学思政知识感到混乱与迷茫。这样的思政课堂教学没有体现深度教学中与学生进行深层次情感交流的教学目标。

在思政课堂教学中,要实现与实际生活的对话。只有把教学与实际生活紧密结合,才能使学生深刻地理解知识内涵,实现深度教学。深度教学使学生的情感在思政课堂教学中得到了进一步升华,同时学生又能在生活中再次体验到课堂教学中的情感。深度教学有效地突破了传统教学中封闭的、静态的、线性的教学内容,关注学生的生活经验和生存处境。

以思政教学中创设的情境为基础,通过师生对话,增强教师与学生间的沟通,实现心灵间的碰撞和依靠。在思政教学过程中,可以根据课程内容创设讨论主题,通过师生讨论探求解题思路,最终形成成果与结论。在电子产品充斥于日常生活的新时代,师生对话不能只局限于思政课堂之上,更应该实现线上线下、课堂内课堂外立体式的沟通交流模式。在对话过程中,教师还要耐心、谨慎地倾听学生的心声,把学生对知识的个性理解看成宝贵的教学资源,实现教学价值的深度追求。

教师可以带领学生读题,并启发学生思考,与学生的实际生活相关联,帮助学生理清思路,建立独特的思政知识体系,求解问题,得到最终答案。在解题过程中,教师与学生不断地沟通交流,形成了思维上的碰撞,教师也借此打开了学生心灵的窗户,为进一步走进学生的内心深处奠定了良好的基础。

4. 注重问题教学

紧随问题导向，在思政课堂教学中发现有价值的问题，引导学生钻研问题，并用批判性的思维对待所得结论。同时，教师对教材进行深入的研究与思考，对思政本质进行深刻感悟，最终走进思政心脏，把握思政灵魂，实现高校思政课"金课"教学。

现阶段的思政课教学忽视了对学生批判性思维的培养，在"金课"教学过程中，教师要有意地培养学生的批判性思维与批判精神，鼓励学生提出质疑，提出看法与意见。学生的思政核心素养，只有在批判错误、肯定正确的过程中才能得到提升。

（四）强化课堂互动

调查显示，高校学生在思政课上不积极参与课堂教学活动，原因主要是教师的教学不能激起学生的兴趣，对学生没有吸引力。学生是课堂互动的主角，要想提升学生的课堂参与度，教师必须充分尊重学生的主体地位，坚持"以学生为中心"。尊重学生的主体地位，教师就必须精心设计教学活动，用活动调动学生；创新教学方法，用方法吸引学生；提升语言表达能力，用语言感召学生；教学内容直击学生需求，使学生把注意力主动转移到课堂上，主动参与课堂教学互动。思政教师备课时要充分考虑部分大学生不爱学习文化课的特殊性，为学生营造民主、平等的课堂氛围，尽量从学生的实际出发，从学生的需求出发，调动学生学习的积极性和主动性，增强课堂上的师生互动。

（五）利用信息技术

社会科学技术在发展，教学手段也应该随之发生变化。当前"00"后活跃在微博、微信、抖音等多种交流平台上，这也为思政现代化教育提供了新模式。教师凭借一支粉笔、一本书就能讲课的时代已经过去，新时代的教师基本都能借助信息技术辅助教学。信息技术可以帮助教师创设学习环境，给学生提供多种感官的刺激，让学生在直观学习中掌握知识。

教师可以采取学生喜欢的方式讲课，改变教师的教学方式、学生的学习方式和师生的互动方式，从而激发学生的兴趣，唤起学生学习的内在驱动力，增强教师与学生的课堂体验感，达到预期教学效果。运用信息技术辅助教学还能方便教师备课，让教师把更多精力集中在课堂教学上。

除此之外，在信息化快速发展的今天，教师可以利用微信群、QQ 群等，发挥好第二课堂的教育效果；在微平台发布专题教育学习和疑难问题解答，及时了解学生的动态，成为学生成长成才的陪伴者。

（六）强化实践教学

高校抓实思政课程的社会实践活动是让各课程成为接地气、有温度以及有情怀的"金课"的关键环节。

首先，在思政课"金课"建设中要深化社会实践活动，将专业知识、区域特色、社会热点和实践教育相融合，开展形式多元的社会实践教育活动，以思政课有关课程知识为依托设置一系列主题实践活动，开发校内外实践教育基地，借助参观访问、名家讲坛以及社会调研等方式，让学生在社会实践当中强化理想信念，通过社会实践推动学生全方位发展，同时在社会实践当中引导广大学生奉献担当。

其次，学校方面要持续深化思政课"金课"实践教改工作。授课教师可以借助课堂调查与网络征集等形式，掌握学生现阶段所关注的难点和热点问题，建设完善的实践教育体系，秉持问题意识，立足于马克思主义理论实践应用以及对社会实际问题的深入思考，增强思政课"金课"的吸引力及生命力。

除此之外，高校授课教师还应积极深入到大学生双创教育、志愿者服务、科创大赛、公益活动与专业实习等诸多实践活动当中，积极指导大学生进行社会实践，落实理论课和实践教育双向互动，切实连接第一课堂和第二课堂，生成思政课"金课"教育的良性互动体系。

五、重视教学考核

（一）重视理论教学考核

理论教学考核是高校最常见的考核方式。思政教师常用的考核方式是：教师一学期的课上完，就给学生划定复习范围，设计一张政治考试试卷，让所有学生在规定的时间内开卷或闭卷作答，最后由教师批改出分数。这样的理论考核方式能快速、便捷地检验学生的知识掌握程度，让学生看到自己学习上的短板，简单方便，易于操作。教师最基本的任务就是传授知识，但是，我们不仅要看教师教了多少，而且要了解学生学了多少，而要检测学生的知识掌握程度，就需要运用理论考核。因此，理论考核体系在教学评价体系中占据着重要地位。

高校思政课理论考核的方式不是单一的，教师应该创新理论考核的方式：可以是让学生做试卷；也可以是给学生几道综合分析题，让学生谈思路和见解；还可以抽查重要知识；等等。班级可以采取考试成绩＋平时成绩（各占50%）的考核方式来考核学生，其中学生的平时成绩包括平时的出勤情况、课堂参与程度、课堂行为表现、助人为乐等情况。把平时考核纳入最终考核，能有效促进学生约束自己的课堂行为，积极参与课堂互动，提高听课的效率。

（二）重视实践教学考核

如果说，理论考核方式单一而难以检测教学目标实现与否，考核的内容侧重知识点而忽视学生独立思考能力的培养，考核形式缺乏新意而忽视对学生素质的培养，那么实践教学考核能在一定程度上补齐这些短板。实践教学评价体系能在一定程度上检验教学效果的好坏，是检测思政课堂教学的重要指标。

实践教学考核主要有两大类：一类是过程性评价，即通过考核学生参与实践活动过程中的表现给出评价；另一类是终结性考核，即学生参加完某项实践活动之后，写一份实践报告，教师根据报告内容来考核学生。高校思政课教师根据学生的实践教学完成情况实施考核，有利于学生综合能力的培养和整体素质的提高。

总之，高校应结合"两性一度"的评价标准，构建教学量化评价体系，以评促建，努力建设好思政课"金课"。

六、优化思政课教学环境

（一）建设和谐的社会环境

社会环境是思政课"金课"教学的大背景，学生的学习和生活离不开社会大背景，尤其当前网络技术发达，学生了解信息非常方便，社会上各种信息混杂，而大多数学生辨识信息的能力相对较弱，较易受到社会上的功利主义思想、扭曲的金钱观等不良信息的诱导，造成精神追求和理想信念的丧失，甚至受骗上当，对自身造成严重的身体和心理伤害，因此建设和谐的社会环境对思政课教学起着至关重要的作用。思政课要帮助学生树立理想信念，就离不开党领导我国人民所进行的伟大实践，这是思政课进行教学的实践依据。和谐的社会环境、凝心聚力的文化氛围可以引导学生健康成长，对课堂教学起着辅助作用。

首先，就国家层面而言，要在改革中处理好各种利益关系，推动共同富裕取得实质性进展，避免市场经济给学生思想带来负面影响，发挥市场经济在学生思想行为发展过程中的积极作用。其次，思政课要充分发挥党的领导作用，强化学生的理想信念，发挥政治大环境在凝聚人心方面的导向作用。最后，积极营造文化氛围，健康的文化环境利于学生成长，积极的主旋律利于学生成才，思政课"金课"教学离不开外在环境的影响。

(二) 创造良好的校园环境

校园环境是思政课"金课"教学的具体环境，学生生活在校园内，校园环境无疑是学生成长中比较重要的一环。思政教育中的隐性教育功能在教育中会起到很大影响，因此校园环境的良好与否直接关系着学生思想道德素质的形成。

第一，高校要加强校风建设，注重在校园文化中渗透正确的价值观，实现隐性引领。如燕山大学在全校范围内开展的"翔燕工程"主题教育活动，很大程度上在学生群体中形成了积极向上的氛围。

第二，高校要加强教风建设。教师要树立正确的教学观、学生观，不歧视、不落下每一名学生；采用"置疑式"的教学方式，把正确的观点和不正确的观点同时提出来，请同学思考，再分析，讲究教学民主。同时，思政课教师本身要有良好的教学素养，要关爱每一名学生，用饱满的热情和承担的使命感努力去做一名优秀的思政课教师。

第三，高校要加强学风建设。学风建设是学校的灵魂，高校可通过学风建设活动月组织讲座、实验、学习小组、训练营等活动，促进学生良好行为习惯的养成，形成浓郁的人人向上的学习氛围。高校要做好能量补给站后进生精准帮扶工作，激发学生内生动力，促进良好学风的形成。

(三) 搭建健康的网络环境

新时代学生处于网络时代，网络为学生拓宽了领域，增加了兴趣点，但领域宽了，内容也杂了，因此要搭建健康的网络环境作为教学可以利用的重要手段。把新媒体与思政教育相结合是新时代思政课立德树人的有效路径，因此搭建健康的网络环境是增强思政课时代性、调动学生积极性的重要载体。

首先，思政课可以以校园媒体为抓手，建设有吸引力的思政教育网站，做好国家政策的宣传教育，开展丰富多彩的网络文化活动，弘扬主旋律，形成良好的网络育人氛围。其次，思政课可以以新媒体为媒介，创新师生互动方式，利用好课堂大屏实时互动、实时交流微信群等方式，在轻松、自由、民主的教学环境中，充分发挥学生主体性。同时也要注意，必须加强网络监管和规范，通过信息监控，及时了解学生关注的热点问题并有针对性地进行正确引导，最大限度地减少网络垃圾信息给学生价值观带来的消极影响。

七、重视学生的合理诉求

"金课"建设要倾听学生内心需求，正视理想课程改革与现实之间的差异，重视学生的合理诉求。日本学者金子元久在其大学教育力理论中，将教育力量定义为大学教育对学生的影响，但这种影响并非单纯由大学方面的教育工作决定，而是院校与学生互动的结果。

课程教学能否满足学生现实需求直接影响学生的学习投入度。建设"金课"要从理论层面的探究落实到实践中，要看到理想课程改革和现实之间是存在差异的。学生作为学习的主体，他们的需求和评价是课程建设的考量因素，他们的合理诉求是建设高校特色"金课"的重要参考。因此，高校应正视理想与现实之间的差异，重视学生的合理诉求，主动倾听大学生的心声，加强课程建设和教学改革。

八、提高学生推进深度学习的自觉性

"回归常识"要求大学生主动承担学习之职，自觉主动推进深度学习。在相关的研究调查中，一些大学生关于"金课"的真实期待虽基于自身发展需求但也存在一定功利性和享乐主义。根据访谈中所了解的情况，部分大学生由于对教育热点的不敏感导致对"金课"并不了解，授课教师也很少在课堂教学中提及关于"金课"的话题，在调查和访谈中只能凭借脑中教育学知识来回答，这些大学生关于课程教学的知识学习大多停留在机械接受间接经验阶段，因而虽作为理智上进的个体，但无法形成对"金课"特征客观而全面的认识。因此，基于需求分析视角的"金课"特征的真实期待并不能直接作为课程改革的参考依据。

大学生是不断发展变化的个体，其三观还处于发展变化的动态形成过程中。高校要积极扭转学生出现的过分实用主义和快乐至上的课程观，从学习行为投入、情感投入、认知投入的微观参与来促进学生的学习投入，积极引导学生对知识的结构化和深度加工，以形成深度学习思考，发展学生的高阶性思维和解决复杂问题的能力。

九、确保教、学、管形成合力

教、学、管三方要形成合力，打造独具特色的"金课"。"金课"是高校优

质课程的代名词，高质量课程建设绝不是单一主体就可以有效完成的，需要各方利益相关者合力完成。教师、学生、教育管理者都要积极响应"金课"建设，更要用实际行动参与教学改革。

大学生作为学习的主体要积极开展深度学习；教师作为改革的主导者要及时更新教育理念，在课堂内外不断反思教学以总结优质课程特征，并在课程实施中不断地进行实践与检验；高校作为"金课"的顶层设计者，要积极对接"金课"建设过程中各方的需求，将教师的优秀教学经验以及学生的需求期望进行升华，最终形成属于自己学校特色的"金课"理论、体系与制度，确保"金课"建设顺利开展和有章可循。高校还需要加大资金和技术的支持，组织以"金课"为主题的学术研究和实践活动，切实提升"金课"的建设成效。

十、注重反思与总结

海因里希·海涅（Heinrich Heine）曾提出："反省是一面镜子，它能将我们的错误清清楚楚地照出来，使我们有改正的机会。"由此可见，反思总结在每个人的生活中都发挥着重要作用，它能帮助我们发现不足，寻求解决方法，不断提升自我能力。具体到高校思政教学中，只有进行及时的回顾与总结才能在现有的经验上提升"教"与"学"的质量，加快高校思政"金课"教学的构建。

（一）注重自主总结

最了解学生的人是学生自己。大学生可以首先进行自主回顾与反思，对自己的表现与掌握程度进行精准定位，自主寻求解决方法，通过自己的力量提升自身的思政学习能力，为高校思政课"金课"的构建贡献力量。大学生从生理发展上看，已经是一个成年人。但从心理发展上看，大部分大学生情感颇为丰富，出现了更加强烈的自我需要与自我尊重的需求。

教师要抓住学生此时的心理特征，为学生打造自主总结、学习的空间，引导学生构建自己的思政知识体系、打好思政基础，适时地对学生的学习与总结成果进行肯定与表扬，提升学生的成就动机，培养学生的思政核心素养。

（二）注重师生总结

在学生自主总结并形成各具特色的思政知识框架后，教师带领学生对所学课程内容进行系统的回顾与总结，再次强调课程的教学目标与重难点，引导学生对自己建立的知识系统进行补充与完善。教师应保障学生知识学习的完整度与重难点问题的突破程度，帮助学生将复杂的思政知识清晰化，并将思政思想方法与思政解题技巧贯穿于相应的模块之中，提升学生的能力与素养。

（三）注重生生总结

在自主总结与师生总结的基础之上，教师在教学中要为学生留下 1～2 分钟的合作讨论时间。在讨论的过程中，不同学生的思维会出现碰撞，学生们可以取他人之长补己之短，将有新意、独特的想法融入自己的知识体系之中，再次进行完善。

十一、建立健全"金课"建设保障机制

（一）坚持"金课"建设质量评价的科学性

1. 定量与定性相结合

量化评价，即评价者把复杂的教育现象和课程现象以数量的形式进行考核，并通过数量的分析与比较制定出量化标准，进而推进课程建设的完善。在对思政课进行质量评价时，通常会将课程质量划分为不同等级，由三方督导根据课程质量做出相应选择，最后通过数据呈现或图表呈现出来。

质性评价，即评价者通过必要的调查研究揭示评价对象的特质以及其中的内在含义。如通过对学校相关文本和文件政策的调查来了解学校现状，进而做出预测。

在对思政课评价时，通常采用定性与定量相结合的方式。

2. 可控性与可评性相结合

可控性要求评价指标设计的目的是凸显其调试、完善与修正能力。在制定课程目标时，需要把握高校思政课特点，满足社会经济发展对人才的需求，满足学校自身的条件，使评价更加合理化，提高思政课教学的效果和质量。

可评性要求从实际出发，评价指标的设计要符合高校的实际情况，就必须制定清晰明确的标准供评价者参考，如课堂教学内容的特色程度、课程评价多元化设置、详细的分值或者等级划分标准等。

思政课质量评价标准要坚持可控性与可评性相结合，既要充分考虑学校自身所具有的人力、物力等条件，又要确保评价指标清晰明了，具有较强的操作性。

3.差异性与平衡性相结合

不同高校具有各自不同的背景和特色，加上地理位置、环境等多因素的影响，为社会的经济发展所担负的人才培养使命也有所区别，这些因素造成了高校各方面的区域性特色，包括课程建设、生源地、教学内容等多方面的明显差异。因此，需要在充分考虑以上因素差异性的基础上来制定评价的标准，以突出不同地区高校的特色。这些差异性可通过对不同的对象采取不同的有针对性的评价标准来体现，如对不同区域、不同类型课程内容分别指导评价实践。

除此之外，思政课程质量评价的标准需要平衡性，主要体现在遵循高等教学的基本规律，同时思政课程作为高等教育的一部分，其评价标准也需要体现一些共性要求。如在整体上保持平衡，要避免过于强调特色而出现失衡问题，导致评价失去意义。高校要结合自身实际，正确认清自己的定位，基于本校的各种教育资源，考虑行业特色、学生特点和就业特点综合开展思政课建设，在制定课程质量评价标准时要兼顾共性和个性两个方面，进一步凸显高校的优势。

（二）健全"金课"建设质量管理体系

1.课程目标管理

思政课程目标管理主要从课程教学内容、课程教学环境两个方面展开。

首先是课程教学内容。高校思政课程教学内容要满足两个条件：一是教学内容要满足课程目标和培养目标；二是教学内容要跟上社会前沿，反映社会前沿性问题；三是创建师生教与学共同体，提高课堂教学内容的有效性。

其次是课程教学环境。一是硬件设施，如教学、科研仪器设备、实验室、实训场所和图书馆等；二是软件设施，如师资队伍建设、线上优质课程资源、信息化支撑平台等。

2.课程督导组织化管理

思政课程督导组织化管理主要从课程教学组织实施和课程检查督导两个方面展开。

首先是课程教学组织实施。一是教学方法，教学方法要多元化，借助先进的信息技术，创新教学方法，注重课堂上师生之间的互动和交流，激发学生学习兴趣，提高学生的积极性和主动性；二是教学组织形式，如教师可以采用小组学习、班级集体学习或者个别教学学习等多种形式展开教学活动。

其次是课程检查督导。一是不断完善校院两级督导队伍结构，鼓励管理层和高级职称教师积极参与督导工作，提高督导检查结果的科学性和实效性；二是提前发布督导纲要，明确督导检查的内容、依据、形式、方法和目的等，以便于合理有序地开展督导检查工作；三是设置督导检查监督机制，鼓励家长、学生等群体积极参与监督工作，保证检查结果公开公正。

3. 课程效果持续改进

思政课程效果持续改进管理主要从反馈机制和激励机制两个方面展开。

首先是反馈机制。高校应以学生学习效果为焦点，以学习成果为导向，以专业评估、认证工作为引领，构建"评价—反馈—改进"闭环改进机制，不断改进和完善覆盖人才培养全过程的反馈机制。高校应建立具有学校特色的思政课程质量评估制度，对思政课程质量评估情况及时反馈，要求各个学院和教师根据评估情况及时整改课程，发展"自评—复评—整改"专业评估工作模式。同时，高校可采用学生、同行和督导三方群体评价的方式，在三方完成评价之后，学校汇总改进意见，由教务处总结分析之后反馈给教师本人。

其次是激励机制。积极推动激励机制的建立有利于充分调动思政课教师的积极性，促进教学方法不断创新，更加重视学生的全面发展，推动课程质量不断提升。高校可以出台适用于本校实际情况的思政课"金课"培育方案，针对核心问题重点建设，将思政课程的建设支持力度进一步提高，激励力度也进行相应提升，鼓励教师积极打造优质课程。高校要积极推动激励机制的完善与发展，同时也要促使多方合力来保障激励机制的公正性和客观性。

（三）完善"金课"建设质量管理机制

1. 优化管理制度体系

优化管理制度体系主要从选课制度、质量监控制度和评价制度三个方面展开。

（1）选课制度

首先要制定具有灵活性的课程计划，如思政课设置要注重学生的自由度和个性化、规定具体的学时学分等；其次要保证课程质量和学生学习效果，如鼓励教师开设具有挑战度的"金课"、完善思政课评价制度、加强教师队伍建设等；最后要建立稳定的网上教学系统，思政课程具有多元化和时代性的特点，因此要不断加强课程资源建设，特别是网络资源，从而不断为课程注入时代和社会前沿新活力。

（2）质量监控制度

首先是对思政课堂教学质量监控，对教学状况坚持检查，如检查教学条件、教师备情况、师生到课情况、教学纪律自查等；其次是对思政实践教学质量监控，可通过问卷调查、师生访谈、实习报告、毕业设计等多种方式对教师授课质量进行评价。

（3）评价制度

首先是教师督导，教学督导委员应每学期重点对学生评教结果在全校排名后5%的思政课教师实施跟踪督导，以及对拟晋升职称的教师进行晋职督导；其次是教师评学，学校可每个学期组织教师听评一次，及时组织反馈整改；最后是学生评教，学生从理论课程和实践课程对思政教师进行评价，其中理论课程主要从课堂讲授、辅导答疑与批改作业、学生课堂收获等方面进行评价，实践课程主要从教学内容与方法、教学指导、学习收获等方面进行评价。

2. 强化检查督导机制

检查制度的完善主要从培养计划审查制度、课堂教学检查制度和实践教学检查制度三个方面展开。一是培养计划审查制度，要求思政课的教学目标坚持"以学生为中心""成果导向"和"持续改进"的教育理念，强调培养学生创新实践能力。高校在对培养计划检查时主要从培养计划的落实情况展开。二是课堂教学检查制度，组织督导针对思政课教师课前的准备工作、课中的教学效果和教学内容、课后辅导和作业批改情况以及结课测试等方面进行检查。三是实践教学检查制度，主要包括对实践课程时数、内容安排以及学生掌握程度的检查等。

强化督导指导主要从以下三个方面展开：一是采取三方群体对思政课教学质量进行评价。评价主体主要包括学生、督导和同行。高校要形成"学生—督导—同行"三方评价的方式，评价完成之后形成学年教学质量（检查）报告，及时反馈到各个学院、授课教师和相关管理人员。教学管理部门和各个学院据此了解思政课教学质量变化趋势，及时了解评价较差的相关教师情况。二是采取相对比较法对思政课教师进行评价。首先，规定评价区域，分为优秀、良好、中、差四个等级。其次，由三方（同行、督导、学生）按等级标准进行评价，其中可以适度提高学生在三方评价中的比例，保证评价结果的客观公正。三是对考核制度进行评价。首先要加强过程性评价，加大对平时测试、实验报告、实训表现等的比重。其次在考核方法上要坚持"以学生为中心"的基本教育理念，根据培养目标和课程目标灵活设置多类型考核形式，保证考核的科学性。最后，在对学生进行评价的过程中要侧重对学生综合素质和综合能力的考查。

3. 推进持续改进机制

持续改进机制是提高思政课程质量和人才培养质量的关键，具有"评价—反馈—改进"的反复循环特征。在教学实践中，高校要尝试通过不断完善思政课教学过程质量监控机制、毕业要求达成情况评价机制、培养目标的毕业生跟踪反馈及社会评价机制三个方面推进持续改进机制，形成"评价—反馈—改进"闭环，以提高高校思政课"金课"建设质量和成效。

首先，建立课程教学过程质量监控机制。高校可对思政课教学过程中的每个阶段都进行监控，采取多种方式考查学生学习效果，如课前准备、课后作业、实践环节和课程设计等。同时高校应对课程目标达成情况进行评价，反思并发现课程教学过程中存在的问题，分析原因并提出整改措施，动态调整课程教学。

其次，建立毕业要求达成情况评价机制。高校可汇总学生在大一至大四学习期间所有思政课的考核及评价数据，此外寻求毕业生对学校思政课程目标和毕业要求的反馈意见和评价。同时高校可结合毕业生在校期间的思政课程目标考核及评价数据进行整合分析，充分利用毕业生反馈意见，对高校思政课的课程目标、课程内容、课程实施、课程结构和课程评价做出相应的整改措施。

最后，建立培养目标的毕业生跟踪反馈及社会评价机制。高校可通过对毕业生、社会及用人单位进行访谈和问卷调查，如举办毕业生座谈会、校友大会等形式，结合学校办学定位和人才培养目标，与培养目标的社会性评价相对比，依据"金课"建设"两性一度"的要求，总结出思政课程改进意见，进而保证"金课"建设质量。

第五章 高校思政课理论教学建设

为适应时代和社会的发展，高校思政课理论教学必须对思想政治教学内容进行不断更新，创新教学方法，深化教学改革，积极探索思政课理论教学育人的新方法和新途径，并以此来满足当代大学生的思想政治需要。本章分为高校思政课理论教学现状、新时代高校思政课理论教学面临的挑战、新时代高校思政课理论教学改革的路径三部分，主要包括高校思政课理论教学取得的成绩、高校思政课理论教学存在的问题、高校思政课理论教学存在问题的原因、供给侧角度的创新思考、需求侧角度的创新思考等内容。

第一节 高校思政课理论教学现状

一、高校思政课理论教学取得的成绩

中国共产党历来重视学生的思想政治教育工作。自新中国成立以来，思政课逐渐发展、完善，如今已进入长足发展阶段。从改革开放到"85方案"期间，中共中央发布了《改进和加强高等学校马列主义课的试行办法》（1980年），以期恢复学生的马克思主义理论教育。在"85方案"至"98方案"期间，《关于普通高等学校"两课"课程设置的规定及其实施工作的意见》发布，针对不同层次的学生制定了不同的教学内容。随后，在"98方案"至"05方案"期间，中共中央发布了《关于加强和改进思想政治工作的若干意见》，要求马克思主义中国化最新成果进教材、进课堂、进学生头脑。"05方案"实施至今，随着理论创新的不断深化，思政课理论教学内容也随之改进，呈现丰富的时代意蕴。

(一) 思政理论课的关键课程地位得到巩固

高校思政理论课事关立德树人。在思政理论课的创办发展过程中，加强党对教育工作的全面领导，是办好教育的根本保证；各级党委要把思想政治理论课建设摆上重要议程，抓住制约思政课建设的突出问题。近些年来，在党中央的坚强领导下，高校全面贯彻党的教育方针，采取一系列措施促进思政理论课的建设。高校思政理论课建设不断推进，落实立德树人根本任务的关键课程地位得到不断巩固。

在高校中，学校党委会议和校长办公会，每学期都会召开以思政理论课建设为专题的会议，积极研究思政理论课的建设问题，并在会议决议形成以后及时落实下去。学校党委书记积极承担起了思政理论课建设的第一责任，校长切实担负起了政治责任和领导责任，把立德树人的成效作为检验学校一切工作的根本标准。校党委根据高校思政课建设实际成立了思政理论课领导小组，专门支持和领导思政理论课建设。学校把思政理论课建设列入了学校事业发展总体规划，把思政理论课作为学校重点课程建设，把理论学科作为重点学科建设，积极开展专项工作督查。

(二) 思政理论课教学手段日益多样

1.思政理论课教学手段日益多样的表现

为了更好地增强思政理论课对新时代大学生的吸引力，提升教育实效，让其在课堂中有所感悟、有所收获，高校思想政治工作者对增强思政理论课针对性的重视程度不断增强。如今，"互联网＋教育"这一观念日益深入人心，高校思政理论课也针对这一问题进行了诸多探索及创新，云课堂、慕课以及微课等全新的教学模式得以实施，这种信息技术和教学相结合的方式得到了学生的认可，调动了其参与思想政治教育的积极性、主动性。在这一背景下，运用多媒体手段开展教学工作成为思政理论课教师的必要选择，能够更好地了解学生的学习状态，掌握学生的思想动态，让学生倾诉心声，减少对课堂的抵触情绪，使其课堂参与度、满意度、获得感得到极大提升。随着课程改革的不断推进，数据技术的应用愈加频繁，思政理论课教学方式日益多样化，富有时代感的课堂对学生的吸引力增强，极大地激发了学生的学习兴趣。

2.思政理论课教学手段日益多样的成因

一方面，互联网蓬勃发展，技术手段日渐成熟。信息化时代，互联网对各行各业的发展都带来了重大影响，高校育人工作同样不可避免。传统面授模式受到时间、地点的限制，而目前对青年群体进行的思想政治教育是远远不够的，从当前教与学的现状来看，他们普遍存在入耳不入心的突出问题。如今，大数据、云计算以及区块链等全新技术飞快发展，数据所蕴含的重要价值得以体现，大数据时代的到来势不可挡。高校要运用新媒体新技术使工作活起来，推动思想政治工作传统优势同信息技术高度融合。这就要求思政理论课教师开创新的教育形式，灵活运用新媒体，将思想政治工作与其相结合，使思政理论课富有时代感与吸引力。在这一过程中，高校可以充分利用数据技术建构教育平台，打造师生之间学习、沟通的桥梁，实现在线平等交流，从而打破师生时间和空间上的隔离状态，做到实时学习互动，激发学生学习的积极性与主动性，完成线上有"建议"、线下有"反馈"的良性互动，从静态的"师教生学"转变为"共生互学"，从而更好地把握青年的思想特征，进而有针对性地对其进行引导，提升教育实效。

另一方面，人们的思想观念发生转变，更加重视个性发展。一是教育者思想观念的转变。大数据时代，互联网成为人们学习、生活过程中不可缺少的组成部分，学生获取信息的途径日益多样化，不再仅仅依靠教师进行知识的获取，在此背景下，过去讲授型的教学模式显然已经不合时宜。思政理论课教师在教学过程中对此有了一定的认知，逐渐意识到学生的主体性地位，进而主动与新时期的教育要求相适应，以学生需求为引导，使教学方式、教学内容等符合学生个性特征，培养其独特性及创造性，激发其学习兴趣，促使其主动学习，积极参与课堂教学过程，增强教育实效。二是受教育者思想观念的转变。在互联网背景下强调个性发展的今天，青年群体思想觉醒，他们有自己独特的思维方式与行为方式，在世界观、人生观、价值观形成的关键阶段，他们处于思想的活跃期，对他人尊重和理解的诉求高涨，忽视其内在需求，只顾唱独角戏的行为必然无法引起他们的共鸣。这就要求教育工作者站在学生的角度认识和思考问题，围绕其精神需要、思想困惑开展工作，以学生喜闻乐见的方式进行理论知识、价值观念的输出。

（三）思政理论课教学内容日益丰富

1.思政理论课教学内容日益丰富的表现

随着改革开放进一步深入，意识形态领域的冲击增强，网络信息的舆论导向多样化，人们的价值选择呈现多元化特征。在此背景下，思想政治工作的重要性大大提升。为了对学生进行正确的价值观引导，思政理论课进行了顺应时代的改变，更加注重以社会发展需要为导向，紧扣学生成长需求。部分思政理论课教师对教材内容进行了科学的整合和设计，将内容模块化，结合不同课程的理论教学内容实际整合专题，使教学内容的选择凸显现实性，不仅体现了实际要求，而且考虑到受教育者的差异性，秉持一切从实际出发、理论联系实际的原则，改变了思政理论课内容不接地气、理论高深难懂、概念冰冷无趣的现象。在此基础上，一些学校还能够根据当地的历史优势，将实践教学内容融入当地特色，并充分结合不同年级、专业的学生的实际需求设计不同的教学主题，避免各门课程实践教学孤立、分散进行。

2. 思政理论课教学内容日益丰富的成因

一方面，时代的发展需要教学内容与之相适应。回顾我们的历史不难发现，马克思主义堪称党的"定海神针"，正是在这一思想指导下，中国才能够在苦难中浴火重生，由稚嫩到成熟，实现历史性的伟大飞跃，为世界所瞩目。马克思主义不是固定不变的，在社会发展进步的过程中，马克思主义也在与时俱进，不断地去粗取精、去伪存真，积极适应时代的变化与发展，具有无与伦比的生命力与感召力。在这一过程中，马克思主义中国化的最新理论成果也在不断更新，成为新的历史时期解决现实问题的指导思想。高校思政理论课教师在新时代应更加注重教学内容的设置，致力于将最新理论成果融入课堂；在大学生价值观形成的关键阶段，用好课堂教学这一主渠道，把思想政治教育工作贯穿教学全过程，促使学生主动将理论内容与社会实际结合起来，培育学生的爱国主义精神和民族精神，增强其对马克思主义理论和中国特色社会主义理论的认同；在加强高校思想政治工作实效的同时，筑牢意识形态领域前沿阵地。

另一方面，学生个性化突出，需求日益多样。大数据时代，学生视野开阔、思想新潮，对新生事物具有强烈的好奇心与求知欲，他们追求新鲜感，渴望在网络空间中打破自身与社会的隔离状态。思想政治教育的内容必须适应时代变迁和学生思想变化，蕴含鲜活的材料和鲜明的时代烙印。

一是除旧布新，凸显时代特征。传统思想政治教育资源有限，并且与学生的个性化、多样化需求相比较为滞后。大数据时代，思想政治教育内容必须紧扣时代脉搏，保持思想性的同时兼顾时代性，结合学生需求现状进行针对性的转变，与学生的成长需求相匹配，激发学生学习的兴趣和积极性。

二是贴近实际，增强思辨性。传统思想政治教育内容大多以纯粹的理论知识为主，理论性较强，给学生以枯燥、乏味的印象，学生缺乏认真思考的动力。为了推动精准施教的完成，思想政治教育的内容必须贴近社会实际，与社会现实相结合，用精炼简洁的语言组织时政素材，直面社会热点问题，使内容更具思辨性，引起学生分析、思考的欲望，不断增强公信力与说服力，增加教学的实效性。

（四）思治理论课教学效果日益显著

1. 思政理论课教学效果日益显著的表现

思政理论课是高等院校必不可少的课程，对当代大学生的身心发展具有重要影响。新时代高校开展思政理论课是强化大学生思想政治教育的内在要求，是培育高素质人才的重要保障，是实现中华民族伟大复兴必不可少的一环。在大数据时代背景下，高校思想政治工作改进与加强的进度有了明显提升，在这一过程中，由于技术手段的运用，思政理论课的针对性也有了显著增强，教学过程中师生关系向好，交流互动频繁，能够很好地打成一片，思想政治教育的实效性显著提升。

当前思政理论课的教育效果良好，通过思政理论课堂的熏陶，绝大多数学生认为思政理论课有必要开设且意义重大，对他们的学习、生活有着积极的影响。当大学生能够真正被思政理论课吸引，切实感受到思政理论课的魅力时，他们自愿参与到教学过程之中就成为可能，其学习积极性必定有极大的提升，他们会自觉地去学习和思考，从心底里认同思想政治教育工作。

2. 思政理论课教学效果日益显著的成因

一方面，政策要求致使高校重视程度提升。党的十八大以来，意识形态工作引起了党中央的高度重视。高校是意识形态工作的前沿阵地，确保党对高校的领导，办好社会主义大学，做好宣传思想工作具有重要意义。思想是行动的先导，对学生而言，在校时期是其世界观、人生观、价值观形成的关键阶段，在这一重要时期，办好思政理论课，用好课堂教学这一主渠道，加强对学生的教育引导，是增强思想政治教育成效、完成立德树人这一目标的保障，不仅能坚定学生理想信念与价值追求，而且能筑牢高校意识形态领域前沿阵地。因此，为了更好地推动立德树人这一神圣使命的完成，教育者应以满足学生成长发展的需求为目标，把准学生思想之脉，将大数据引入思想政治教育过程，力促思想政治教育与信息技术的完美融合，使思想政治教育更具针对性，推进精准施教的顺利实施，让打造对党忠诚、勇于担当时代新人的目标行稳致远，有效提升思政理论课教学实效，促进新时代青年群体能够自觉为实现中国梦努力奋斗。

另一方面，高素质教育队伍壮大，教学能力有所提升。教师是人类灵魂的工程师，是教学过程中的引导者，起主导性作用。办好思政理论课的关键在教师，其职业素养和人格魅力对教学质量至关重要。在新时期，教师要做好青年做人的镜子，以身作则、率先垂范。当前高校致力于打造品格高尚、素质优良的教师队伍，且已颇具成效。首先，对老一代思政理论课教师加大了培育力度，使其能站稳立场，坚持正确的政治方向，不断加强理论知识学习，并坚持活到老、学到老的理念，致力于夯实自身的知识储备，同时在教学过程中能够时刻以马克思主义思想为指南，紧跟时代步伐，坚定对党的信仰，对青年群体进行正确的价值观指引，引导青年求真理、塑造高尚道德情操。其次，高校重视引进新鲜血液，优化教师队伍构成。在原有教师队伍的基础上，通过富有吸引力的举措，让更多年轻有为的教育者积极参与思政理论课教学，形成互帮互助的良好氛围，并精心制定培训方案，组织教师参加培训，引导教师灵活运用多媒体创造性开展教学工作，提升教学效率和效果。

二、高校思政课理论教学存在的问题

（一）高校思政理论课课程建设存在的不足

新时期思政理论课建设取得了一定的经验，不管是在教学内容方面还是在教学方法方面都有了显著成就。但是，我们还需要看到其中存在的问题。目前思政理论课存在着网络教学实际效果不强、思政理论课课程目标建设不全、部分思政理论课教师业务素质需要进一步提升等问题，我们需要找出问题、分析问题，以更好地推进思政理论课课程建设。

1.思政理论课网络教学实际效果有待强化

思政理论课的网络教学是新时期课程建设的有益探索，很好地弥补了传统教学的缺陷，但是在多年的实际运行过程中，我们也发现了一些问题，学生对网络教学的满意度并没有达到我们期望的水平，相反，这种更快捷更高效的网络教学传播方式让知识的学习来得快去得快。

（1）网络教学的师生互动频率低。相比于传统面对面式的课堂教学，教师能通过学生在课堂上的表现很好地判断出来学生是否听得懂、学得懂，教师在课堂上可以通过现场作业布置、现场即刻考试、现场进行作业讲评的方式对于本节课学生所学内容的吸收了解程度进行掌握，同时教师在讲课过程中可以运用随机提问的方式了解课程教学效果，对于学生的疑惑就地进行解决，那么在网络教学过程中，教师和学生是通过电脑屏幕进行交流，屏幕对面的学生在老师讲课过程中是否能全程专注于授课内容，学生的疑问是不是能够及时地提出来，学生的了解程度有多少，如何调动课堂氛围，这些问题都是网络课堂教学过程中实实在在存在的。

（2）网络教学学生的签到反馈是否真实，注水的情况是不是存在。比如一位思政理论课教师想在自己的课堂教学中保证学生的出勤率，于是以 App 签到的方式来保证学生到课率，决定在上课前要求学生签到一次，在课间休息时间要求学生签到一次，教师通过用不同的签到图案来保证不让学生有代签、代答到的行为，可是这样的签到方式是否真的能发挥作用呢，学生是否能够保证在课堂中的听课效率，学生会不会仅仅是为了完成签到而过多地把精力放在签到上忽视了真正的上课目的是听课学习。如果是这样的话，课堂教学就丧失了初衷，课堂签到就适得其反。当老师在屏幕对面讲得很投入的时候，学生在屏幕的另一侧是否在认真地记笔记听课，这都不能给予肯定的答案。学生坐在枯燥乏味的电脑视频前学习，电脑屏幕只会传递知识，而在学习过程中师生之间情感的交流已经丢失了。

（3）网络教学是通过电子信息平台授课，那么在这个听课的过程中学生是否真正地在教室中、在课堂上也无法得到实时监控，这都说明了网络教学的实际效果不强。

2.思政理论课课程目标有待进一步优化

思政理论课的课程目标，是新时代教育目标的细化，是新时代中国教育使命的体现，同样也是做好思政理论课建设与创新需要追求的目标方向。习总书记在学校思想政治理论课教师座谈会上指出，思想政治理论课是落实"立德树人"根本任务的关键课程，总书记的讲话一方面明确了思想政治理论课的特殊地位，另一方面说明了实现"立德树人"这一重要目标的有效途径是上好思想政治理论课，把"立德树人"作为高校育人的中心环节，在思政理论课教育教学的整个过程中要充分地体现出这一重要的育人目标。落实好"立德树人"的育人目标是对新时代需要的重要回应，习近平总书记明确提出了我们要培养的是德智体美劳全面发展的社会主义建设者和接班人，新时代需要的是德才兼备的大学生，把"立德树人"作为高校育人的重要目标是对这一需要的重要回应；落实好"立德树人"的育人目标同时也是社会现实的要求，在高校思政理论课中融入"立德树人"的目标，是对思政理论课教学性质和课程目标的准确把握，也能有效地解决目前思政理论课教学中存在的问题。

思政理论课的重要特征之一就是其所具有的特殊的政治性，思政理论课的政治性决定了其课程目标的特殊性，高校思政理论课要适当通过政治教育、理论教育、启发式教育，让学生深刻领会习近平新时代新思想的重要理论成果，使学生学会运用马克思主义立场、观点、方法去分析和解决问题，使学生自觉践行社会主义核心价值观，尊重宪法权威并主动捍卫宪法权威，在学习和实践中自觉承担使命担当。思政理论课课程目标的建设，对于不同阶段的学习者应该有不同的要求，本科阶段的课程目标要注重做好教学的针对性和实效性，不同的学科教学要培养不同层次的人才。对思政理论课"立德树人"重要育人目标的把握，需要进一步对大学生教育教学过程中各学历层次、各教学阶段的育人目标有清醒的认知，因此，也就需要从本科生和研究生各个阶段不同的教学中来进一步把握思政理论课的教学目标。

其中"马克思主义基本原理"课程要强调帮助学生掌握认识世界和看待世界的方法，要用科学的世界观和方法论去理解马克思主义的根本性质和特征。学生要学会用马克思主义的基本立场、观点、方法去分析问题，进而提升解决问题的能力，通过学习充分地认识和把握中国特色社会主义的发展规律。

"毛泽东思想和中国特色社会主义理论体系概论"要突出理解中国共产党在把马克思主义基本原理和中国实际相结合的过程中产生的新思想、新理论。受教育者要在学习中把握毛泽东思想和中国特色社会主义理论体系之间一脉相承的关系。学生要从中理解中国共产党为什么能、马克思主义为什么行等一系列问题。

"中国近现代史纲要"课程的学习要让受教育者从中深刻领会中华民族近代以来争取民族独立、人民解放和国家富强的艰辛历史过程，使学生充分了解我们的党史、国情，使学生从学习中体会到历史为什么会选择马克思主义、历史为什么选择中国共产党。

"思想道德修养与法律基础"课程的学习要让受教育者明白正确的价值观念和道德行为，让受教育者明白人生观、价值观、道德观、法治观、社会主义核心价值观与社会主义法治建设的关系，坚定学生的理想信念，做好学生的品德教育，使得学生充分尊重和维护宪法与法律的权威，进一步提升个体的思想道德修养和法律素养。

"形势与政策"要让受教育者明白马克思主义形势观和政策观,我们党的路线方针政策,新时期我们党的基本国情以及如何面对国际国外严峻的形势等热点难点问题,进一步帮助学生去把握当代中国的马克思主义,去领会党和国家事业的伟大成就,以及中国的经济、政治面临的各项机遇与挑战。

3. 部分思政理论课教师业务素质有待提高

教师是学生学习的引路人,教师的马克思主义专业基础知识是否扎实直接决定了教育者的教学水平。思政理论课教师在高校教育中是对学生进行价值观教育的重要主体,因此,必须对思政理论课教师的准入门槛进行严格的设置。

调查中,学生对于授课教师的专业基础知识存在着不完全认同的情况,究其原因有以下几点。

(1)目前的高校思想政治理论课教师大多是引进的青年教师,过于追求教师队伍的年轻化,而一定程度上没有严把教师资格关。很多高校新引进的教师是刚从硕士研究生岗位上毕业进入工作岗位的新教师,他们对个人角色的转换还没能很好地把握,他们的专业知识是否过硬也未能得到检验就直接从事本科生的教学工作,并且一些教师是从其他专业转专业进行学习的,部分学校还存在着行政人员担任兼职教师授课、学校党委人员担任学生兼职导师的情况,由于这些人自身专业能力不是很过硬,对马克思主义理论知识的掌握相对薄弱,一定情况下他们的教学水平就很难提升。

(2)部分思想政治理论课授课老师的业务素质不高,高校思想政治理论课教师的数量和质量并没有达到理想状态。学校思政理论课教师的学历结构、知识结构、年龄结构都需要进一步的优化,而一定情况下公共课的教学让一些有学术能力的老师缺乏竞争压力,频繁跳槽;然后一些水平一般的老师却会不思进取,安于现状;一些教师举办讲座学习,希望通过个人的专业领域对一些重大政治问题进行剖析,把这些重大的政治问题纳入自己的教学内容,但却最终造成了研究不够、形式不够创新;部分教师对学生的研究不够,和学生交流较少,对于学生思想的演进变化缺乏深入有效的了解,因而这也造成了课堂教学选择性和针对性差等问题,这就需要教师进一步深化研究教育教学规律;还有一些教师滋生畏难情绪,这都在很大程度上影响了思想政治理论课的实效性,由于教师个人能力的欠缺,教学水平也很难上得去。

(3)思想政治理论课教师思想上存在误区。虽然从事思想政治理论课教学,但是自己却缺乏"马院姓马,在马言马"的信仰,很多人认为思想政治理论课教学难有作为,思想政治理论课学习难有出路,在社会主义市场经济条件下已经过时，这都是错误的思想，也间接造成整个社会上对思政理论课教师的教师地位评价不高等情况，很多教师自己都不能真正理直气壮地讲自己的教学科目，更甚者在少数教师群体中，也有缺失马克思主义的基本信念的现象，必然会对思想政治理论课授课产生影响。因此，进一步强化对思想政治理论课授课老师业务素质的培训，对马克思主义坚定信仰的教育是非常重要的。

4.思政理论课教材的针对性、时代性、可读性有待提升

思政理论课教材是对学生进行思想政治理论教育的主要载体。思想政治理论课授课的效果离不开对教材的整体把握，必须注重提升教材的"针对性、时代性、可读性"。

针对性是指运用具体的方式方法对受教育对象进行教育教学。思想政治理论课是对大学生进行马克思主义理论教育的主要渠道，新时代增强教材的针对性，就是要在教材中下功夫。通过对教材的学习，让思政理论课真正成为立德树人的核心课程、关键课程。"培根铸魂，启智润心"，习近平总书记有关教育的论述，为今后的思政理论课发展提供了根本遵循。思政理论课的根本生命力在于时代性，只有随着理论和实践的发展而不断丰富创新，赋予更多新的时代内涵，课程教学才能充满朝气与活力。把时代案例、时代精神融入思政理论课是新时期亟须建设改进的地方。在新时期把抗击疫情中涌现出来的英模人物事迹整理纳入课堂案例库，融入教学中，在新时期从全球抗击疫情角度看中国抗击疫情取得的重大战略成果，讲清中国共产党为什么"能"、马克思主义为什么"行"、中国特色社会主义为什么"好"的道理，让思政课充满时代温度。

教科书在教学过程中具有重要的作用，学生的学习在很大程度上以教科书的知识为主要内容，因此教科书在学校教育活动中占据着重要的地位，但同时值得思考的是教科书的编写一直以来缺乏一定的研究和分析力度，教科书在选用上过于重视纯知识点的堆砌。教科书内容的编写、书中知识点逻辑的表达，首要考虑的因素应该是方便于教师和学生的使用，知识逻辑的编排是不是有利于学生的理解和掌握，只有考虑清楚了这些问题，思想政治理论课的学习才能更有实效。思想政治理论课以其特殊的政治性和思想性使得部分学生学习起来觉得晦涩难懂，这就更加需要在教科书的编写上下大力度，根据学生的身心发展特点和认知规律编撰学生最容易接受和具有广泛可读性的教材。

（二）高校思政课理论教学中大学生缺乏主体性

思政课理论教学经过多次改革，已经在多方面取得显著成果，尤其对大学生

主体性培育有很大的改善，也取得了可观的成绩，但仍然还有许多需要改进的地方。理论教学中大学生主体性缺乏的表现：理论教学中强调教师主导性而忽视学生主体性，偏离学生的需要单向建构理论教学内容，理论教学模式单一致使师生缺乏交流，理论教学的评价机制不健全。

1. 理论教学中强调教师主导性而忽视学生主体性

教育是一种双向互动的教学活动，教师是教的主体，学生是学的主体，学生主体性的发挥是教学的最终追求，通过教师的引导，学生的主体性才能充分发挥出来。然而，现实理论教学太强调教师主导性，从而忽视了学生主体性。

首先，教师中心论决定了教师在思政课理论教学中的绝对领导地位。传统教育观念中，教师是绝对的主导者，整个教学过程的组织和实施，都是由教师来完成，学生则是服从者，学习行为完全由教师主导，对教师传授的知识被动性、机械性地接收。即使是在今天的思政课理论教学中，教师中心论的影响依然存在，某调查结果显示，听话、服从师命的学生依然是绝大部分老师青睐的。这种重教师主导、轻学生主体的教学模式在思政课理论教学中普遍存在，由于长期服从于教师权威，被动接受知识，学生学习的积极性逐渐消失，阻碍其主体性的发展。

其次，教师的主导地位淡化了学生的主体意识。具有主体意识是一个人正确发挥主体性的前提，是主体性初始阶段的基础表现，因此主体意识对于主体性的发挥具有至关重要的作用。由于在思政课理论教学中，教师对主导作用的把握不准确，教师主导地位太强而淡化了学生的主体地位，学生思想逐渐懒惰，过度依赖教师，教师教什么知识，学生就接受什么内容，在正常的要求范围内有些学生没有从自身需要出发去选择接受知识，而是被动地去接受知识，有些学生甚至不知道自己需要什么，机械地投入学习过程中，主体意识伴随主体地位而淡化。

最后，学生的主体能力在长期被动地位中丧失。在理论教学过程中，学生的主体能力体现在为了满足自身知识结构的需求而进行主动学习的能力。主体能力依赖于主体地位和主体意识。主体能力的培养是主体性发挥的先决条件，在现实理论教学过程中，教师大班授课，全程讲授，学生被动听讲，全程与老师几乎没有互动，在教学过程中没有任何参与，在长期固定的教学模式中，大学生主体意识长期淡化，学生在教学中的主体能力丧失，学生的主体性也无从谈起。

2. 偏离学生的需要单向建构理论教学内容

理论教学内容的设计至关重要，然而在具体的思政课理论教学的开设中，教学内容出现了片面的单向建构问题，从而影响了大学生主体性的发挥。

首先，思政课理论教学只注重教学内容的推进而忽视了大学生的成长规律。大学生一般都是 18 岁以上的成年人，他们有着这个年龄的思想特点与成长规律，对于知识的接受方法也伴随成长规律的改变而改变。相比于懵懂的中学时代，这个阶段他们的思想几近成熟，表现出由单一化向多样化、由同一化向个性化、由幼稚向成熟的转变规律。对于思政课理论教学所传授的知识内容，他们也不再被动地接受，而是渴望主动提升、有强烈的被认同需求。然而，当前思政课理论教学只注重教学内容的进行，教育内容的设计也只注重"要他们形成什么样的观念、成为什么样的人"，而不是根据他们的成长规律设计，没有关注到"他们想形成什么样的观念、成为什么样的人"。

其次，理论教学的内容只注重社会需要而忽视了大学生的个体需要。大学生进入高校后，伴随着心理和生理的成熟，大学生逐渐走向独立，个体的自我认知程度和社会化程度不断提高，逐渐清楚自己想要什么，开始主动规划自己的人生，表现出多样化、个性化的趋势，个体需要越来越强烈。然而，思政课理论教学内容以促进学生意识形态的转变、培养国家和社会需要的人才为主，大学生个性化、多样化、渴望被认同等个体需要长期被忽视。理论教学内容中，大学生的个体需要与国家和社会需要之间的矛盾没有得到解决，学生长期机械地适应社会需要而忽视了自身的主体需要，从而使主体性的发挥受到影响。

最后，理论教学内容只注重大学生群体的共性而忽视了大学生个体的个性。在我国，"社会本位"思想源远流长，思政课理论教学内容过度注重国家理论与社会利益，注重群体性而忽视了学生的个体性，个体的实际需求和个性特征往往被忽视，不利于当代大学生的个性化发展。伴随着大学生的成长，这一阶段的大学生更喜欢表达和展现自我、追求个性发展，思政课理论教学内容太强调集体奉献精神，长此以往，学生的个性被磨灭。思政课理论教学内容只注重共性的单向建构，不利于培养具有独立人格的社会主义接班人，不利于学生个性化和主体性的提升。

3.理论教学模式单一致使师生缺乏交流

教学模式对整个教学过程有指向性作用，思政课理论教学在具体教学过程中教学模式传统单一，压制了学生主体性的发展。

（1）传统的理论教学模式

当前思政课理论教学是以教师单向传输为主的教学方式，以书本为主要教学依据，以课堂教学为主要手段，这种教育模式限制了个体选择的自由，学生丧失了个体自主思考的能力。这种教学模式最大的缺陷是在整个教学过程中，被动接受知识成了作为教学主体的学生在学习过程中的主要表现，学生学习的主动地位不受重视、学习的积极性和主动性被压抑，这违背了现代社会立德树人的根本任务，培养的人才也达不到"四有"新人的标准。这种传统的教学模式阻碍了大学生主体性的发挥。

（2）陈旧呆板的理论教学方法

思政课理论教学的方法主要以灌输为主，科学的灌输教育方法本身是一种效率高、实用性强的理论教学方法，教师通过理论灌输教育能够将课本上的理论知识以最直接、最系统的方式传达给学生，学生也能以效率最高、速度最快的方式接收到知识并且形成自己的知识体系。然而，在实际理论教学过程中，一方面，理论教学使用的教学方法单一，传统的讲授法占据了大量的课堂教学，课堂中师生互动环节极少，这种教育方法使得课堂气氛压抑沉闷，课堂上学生没有空间释放活力，没有机会展现学生的学习能力，教师单向的灌输不能引起学生的学习兴趣，师生之间的交流互动成了难题，学生的主体性得不到有效的发挥。另一方面，灌输教育法在使用过程中被片面理解和使用。列宁提出理论灌输法旨在将科学知识通过宣传、学习等方式灌输到人民群众中间去，意在帮助群众吸收和内化这些知识，从而培育群众的无产阶级意识。在思政课理论课堂教学中，很多教师只是机械呆板地将知识传授给学生，没有考虑学生对新知识的接收规律和接收能力，学生被动接受教育，绝大部分内容靠学生死记硬背，这种呆板的"填鸭式"教育是对科学灌输方法的歪曲理解和使用，缺乏一定的科学性，对于学生主体性的培养具有很大的阻碍作用。

（3）单一的理论教学手段

教学手段是教师在教学过程中给学生教授知识的重要介体，合理地利用教学手段可以提高教学效率。教师强化对教材内容的整合，通过板书的方式把教材信息传达给学生，学生接收的知识受教材和老师板书的限制，无法发挥自己的主体性。随着人类社会的发展，教学手段历经口头讲授、文字和书籍传授以及网络多媒体等手段。在当前思政课理论教学过程中，教学手段还有待丰富和提高，传统的线下教学手段已经不能满足当前学生面临的复杂情况。

4. 理论教学的评价机制不健全

思政课理论教学效果，最后通过教学评价表现出来，健全的教学评价机制有助于科学衡量理论教学的效果，然而现实理论教学评价机制还存在很大漏洞，有待进一步完善。

（1）理论教学的评价方法单一

当前思政课理论教学的评价方法主要依赖于试卷，并且大多以客观题为主，一张薄薄的试卷决定了一个学生整个学期的思政课理论学习成果，这违背了思政课理论教学的最初目的。思政课理论教学以培养学生优秀的道德品质和良好的政治素质为目的，试卷考核片面地评价了教学效果，不能真正检测学生的学习效果。有些学生为了应付考试，为了答高分，死记硬背，然而并没有把思政课理论知识应用于解决现实遇到的问题；有些学生试卷答得很好，但是在现实的道德问题前，表现得表里不一，这有违思政课理论教学的初衷，也大大削弱了思政课理论教学应有的感召力。试卷评价的不公平打击了很多学生的积极性，从而阻碍了学生主体性的发展。

（2）理论教学的评价体系僵化

当前高校思政课理论教学的评价体系，大多由期末考试和平时课堂的作业、课堂表现等平时成绩组成，且期末考试所占的比例远远大于平时课堂表现的比例，在这个评价体系中，体现不出学生是否主动积极学习，学习过程是否有效，不能对学生在教学过程中的主体表现做出相对客观的评价，不利于因材施教。但是，这种教学评价因为简单好操作、适合大班教学而被广大思政理论课教师广泛使用，长此以往，这种僵化的评价体系不容易培养出具有主体性的人才。

（三）高校思想政治理论课亲和力不足

1.思想政治理论课教师感召力不足

部分思政理论课教师理论功底不够深厚。思政理论课是一门综合性学科，既有来自马克思主义的理论知识，也有来自其他学科的理论知识，如心理学、社会学、经济学等。对这些理论知识的掌握是思政理论课教师的必修课。思政理论课同时也是一门与时俱进、发展变化的学科，主动了解和掌握最新的理论是每一位教师的本职工作。对于部分思政理论课教师来说，自身理论功底不够扎实，缺乏理论的敏锐度，致使理论讲解空洞乏味，只能就"理论"讲"理论"，难以激起大学生的学习兴趣，理论讲解的亲和力较低。

部分思政理论课教师语言缺乏亲和力。在思政理论课教学中，一些教师不善于把教材语言转化为教学语言，只是用理论去阐释理论，照本宣科、生搬硬套地讲解晦涩的理论知识，不善于用学生喜闻乐见的方式传递理论知识，不善于用富有时代感的话语方式去解释理论知识，从而弱化了学生对思政理论课的亲近感。

习近平总书记指出要"让马克思讲中国话，让大专家讲家常话，让基本原理变成生动道理，让根本方法变成管用办法"，这是对教学语言接地气最深刻的说明，也是提升教学魅力的根本要求和根本方法。"让马克思讲中国话"就是要立足于中国实际，用符合中国人的语言逻辑来讲解马克思主义理论，让理论本土化。"让大专家讲家常话"就是要将书面语言转换为富有亲和力的教学语言，将学理化的专有名词通俗化，让讲解接地气。"让基本原理变成生动道理"就是将原理与生活实际接轨，让原理指导生活，让原理与实践充分结合。"让根本方法变成管用办法"就是将根本方法向有明确效果的方法转变，让根本方法切实有效。这样才能实现教学语言亲和力的提高，为教学增加情感与温度。

思政理论课教师与学生沟通不够。思政理论课教师作为思政理论课课堂的主导者，承担着与学生交流思想、沟通情感的任务，担负着提高学生思想道德素质和法律素养的使命。教师课堂内外的一言一行应该成为学生学习的榜样。思政理论课教师不仅要不断拓宽自己的理论视野，更要不断提升自身的道德素质，用出色的教学能力和高尚的人格魅力来使学生产生亲近感。

2. 思想政治理论课教学内容吸引力不足

思政理论课的教学内容是影响思政理论课亲和力的关键因素。思政理论课教学案例是思政理论课教学内容的载体，典型案例的恰当运用能为思政理论课教学带来良好的效果。学者沈壮海认为："思想政治教育内容是在思想政治教育活动中教师所意欲传递给教育对象的思想政治观念，是连接思想政治教师和教育对象的信息纽带，是构成思想政治教育关系的基本要素，是蕴涵教育目的的载体。"思政理论课教学案例是否具备亲和性对思政理论课实效的高低有着重要影响。

3. 思想政治理论课教学方法感染力不足

教学方法是教学内容得以充分展现的基础，教学方法是否具有亲和力关乎大学生对教学内容的接受情况。提升教学方法的亲和力，让学生乐于接受、易于理解、便于掌握教学内容，这是提升思政理论课亲和力的保障。

部分教师在课堂教学过程中，教学方法单一，课堂气氛压抑，师生互动少，情感共鸣弱，甚至有的课堂变成了教师的"独角戏"。课堂讲授法使用较多，实践教学法、启发式教学法等互动教学方法使用较少，导致教学方法感染力不足，难以引起学生的关注，难以调动学生的学习热情，最终难以赢得学生的喜爱，课程亲和力不足。

4. 思想政治理论课教学环境氛围营造不够

教学环境对思政理论课的教学过程和教学效果有着重要影响，是思政理论课亲和力提升的重要因素。当前思政理论课教学环境氛围需要改善，校风、班风、学风还不够浓厚，仍有进步的空间。部分思政理论课课堂教室窄，学生活动的空间小，教师难以与学生进行近距离的沟通与交流。部分大学生还表示思政理论课的学习环境与专业课学习环境有着很大的区别，思政理论课学生多、教室小、不便与老师沟通，专业课人少、活动范围大，更方便与老师交流。这些客观的环境降低了学生的学习兴趣，制约着思政理论课亲和力的提升。在校园文化环境方面，学校举办的各类校园文化活动未能较好的提起学生的兴趣。另外，学生对思政理论课不够重视，有些课程不能按时到课，导致思政理论课的学习氛围不够浓厚。在课堂里与老师的交流多是为了应付考核，对教师提出的问题未进行深入思考，这些都将使思政理论课教学环境亲和力不足。

第二节　新时代高校思政课理论教学面临的挑战

一、面对西方敌对势力西化分化战略的挑战

随着时代的发展、国际化以及多媒体技术的快速发展，国际交流日渐频繁，多元文化交汇冲击。习近平总书记指出："每个时代总有属于它自己的问题，只要科学地认识、准确地把握、正确地解决这些问题，就能够把我们的社会不断推向前进。"任何国家、任何社会，实现政治治理、维系社会稳定、保持长治久安，都要通过思想政治教育来进行人才培养和价值塑造。

当今社会，多样化的文化思潮共存，但是总有别有用心的人歪曲原著、扭曲事实，我们要吸纳百家之长，并在辩证学习中凸显马克思主义的科学性、真理性。

高校是新时代意识形态建设的前沿阵地，大学生又是西方敌对势力对我国实施西化、分化战略的主要对象，因为高校学生的思想观念处在灵活易变的时候，轻易就会受到西方文化思想的影响，给高校思政理论课教学带来了前所未有的困难与挑战。面对这种挑战，对大学生进行爱国主义教育，提高大学生的政治意识，就需要全面发挥思政理论课推动习近平新时代中国特色社会主义思想"三进"的主渠道作用，在这个过程中进课堂和进教材只是前提和途径，而进学生头脑才是最终目标。高校必须坚持马克思主义理论的指导地位，习近平总书记强调："在坚持马克思主义指导地位这一根本问题上，我们必须坚定不移，任

何时候任何情况下都不能有丝毫动摇。"高校思想政治理论课是承担着立德树人使命的关键课程，同时，也是维护国家意识形态安全的主要领域，要利用马克思主义的方法和观点对社会上各种文化思潮进行全面、客观的剖析，让学生认清不同思想流派的实质，并逐渐增强鉴别、分辨的能力。高校要对思想政治理论课教学进行革新以指导大学生坚定马克思主义的指导地位、坚定团结奋斗的共同思想基础。

从积极方面来说，国际交流频繁，有利于我们学习和借鉴国外的先进思想，能够将西方文化精髓融入思政理论课，为国家的思想文化发展服务。习近平总书记指出："必须高度重视理论的作用，增强理论自信和战略定力，对经过反复实践和比较得出的正确理论，要坚定不移坚持。"

高校思想政治理论课应该积极推进课程体系和教学的改革创新，加强对思政理论课堂的管理，开设各类人文素质课程，使各类课程与思想政治理论课同向同行，相辅相成，以形成协同效应，维护良好的教学秩序，不给错误思想观点提供传播渠道，引导正确的社会思想方向，坚定中国特色社会主义道路，维护社会的稳定。要教育和引导大学生正确认识世界和中国发展大势，认识和把握中国特色社会主义的历史必然性，以国家富强、人民幸福为己任，投身中国特色社会主义伟大实践并为之终生奋斗。

当代大学生正处于世界多极化、经济全球化、科技迅速发展的时代，面对世界百年未有之大变局，马克思主义指导思想面临着多样性社会文化思潮带来的挑战，部分高校对思想政治理论课的关注度不够，思想政治理论课教学的理论性、针对性和实效性还需要提升。因此，需要对马克思主义在高校中的指导地位进行巩固，高校思想政治理论课立德树人的任务依然任重而道远。

二、网络时代传统思想政治理论教学面临失效的挑战

随着互联网技术在全球范围内的普及，互联网作为一种信息传播媒介，已经渗透到高校大学生学习生活的方方面面。互联网的广泛应用在使大学生享受到互联网所带来便利的同时，也改变了当代大学生的思维模式、生活方式，深刻地影响着大学生的思想观念，同时，也提升了开展思想政治教育的工作难度，对高校思政理论课教学提出了新的挑战。相比之下，传统的思想政治教育教学模式收效甚微，高校思政教育需要进行变革和发展以适应新环境。

互联网技术的兴起活跃了现代信息交流结构，因此，在互联网技术的普及下，大学生会越来越无法融入传统的思想政治课堂教育模式。新的教学模式需要

高校思想政治理论课教师在短时间内掌握并运用多媒体技术，给教师提出了严峻的挑战，同时，还有一些思想政治教育教师在教学进程中，会采用过去的教学素材，教师对互联网观念和技术的应用未能得到有效的提升，冲击着当下的高校思政教育管理模式。因此，思政理论课教师要与时俱进，了解和掌握当今时代多媒体技术，与学生在互相交流中共同进步，达成共识。

从思想政治教育的角度来看，互联网的运用正在将教育环境复杂化，高校思政理论课教学所依托的环境越来越开放，实体课堂的舆论领导作用受到冲击，使得高校思想政治教育逐渐偏离舆论核心地位，增加了高校思想政治教育的难度。因此，要提升当代思想政治教育的教学质量，高校应直面由互联网时代引发的挑战，全面分析，合理应对。

高校教师不能再按照传统的教育方法开展思想政治教育活动，因此，为了更好地符合时代的要求，高校应该不断探索新的教学模式，重塑以思想政治教育为核心的教学内容，做到理论与实践相结合，推动高校思政教育改革进程。只有积极改革教学模式，才能应对新时代给思想政治理论课教学带来的困难与挑战。为了实现个性化教育，高校的思想政治教育应该不断改进教学模式，教师可以通过多种多样的网络互动平台，将重难点知识制作成短视频，学生可以随时随地在网上或者下载视频进行自主学习，这样不仅可以调动学生学习的积极性，而且还可以提高学生分析问题的能力。同时，教师也可以通过互联网平台与学生进行交流沟通，了解学生的个性和问题，从而有针对性地加强思想政治教育。

在互联网时代下，高校应该合理利用互联网的优势营造良好的教学环境，通过线上线下两种途径进行思想政治教育，加强网络道德教育，开设更多的网络思想政治教学平台，激发学生的学习兴趣，引导正确的舆论导向，从而提升高校思想政治教育的效果。

三、全面深化改革的现实对思想政治教育提出的挑战

全面深化改革必然要面临很多的挑战和困难，高校应该壮大主流思想舆论，弘扬文化主旋律，提升高校思想政治教学队伍的力量。高校思想政治教育是贯彻立德树人根本任务的主要课程，思想政治工作也是实现党的领导的一个重要途径，这就要求思想政治教育要进行思想引导，搞好教学改革，以团结稳定为主。

自党的十八大以后，以习近平同志为核心的党中央高度重视思政理论课的发展。各高校应当采取切实有效的措施，进行思想政治教育教学模式改革，以适应全面深化改革带来的巨大变化，这样就能使得高校思政理论课建设取得显著成

效。当前国内改革的全面深入实施，对党的思想政治教育提出了一连串的新课题，这也预示着思想政治教育处在全新的历史开端。面对新局势，需要对高校思想政治教育实施革新，从而为促进全面深化改革提供思想保证。

习近平总书记强调"改革是由问题倒逼而产生的，又在不断解决问题中得以深化""要有强烈的问题意识，以重大问题为导向"。在全面深化改革阶段，思想政治教育者应该顺势而为，研究并解决思想政治教学内容体系中的问题，从而科学定位思想政治教育的宗旨和使命，改革并创新教学模式，从而进一步体现思想政治教育凝集人心、消解冲突的效力。在高等教育深化改革、全面推行素质教育的新局面下，高校要从思想政治理论课的各个方面的改革实际出发，将各种新型教学模式综合起来，将传统思政理论课堂教学优势与现代信息技术相融合，解决当前思想意识理论教育中需要应对的困难和挑战。

面对全面深化改革的新形势新挑战，高校思想政治理论课堂教学实效性还需提升，教师队伍需要壮大，教学模式的改革和创新也是时代发展的要求，增强思政理论课同各类课程的协同效应，提升社会对于高校思政理论课建设的重视程度。在高校思想政治理论课的建设中，改革教学模式是重要发展趋势，需要不断创新以适应新情况，全面提高思政理论课堂的教学质量。

第三节　新时代高校思政课理论教学改革的路径

一、供给侧角度的创新思考

（一）加强信息技术手段的运用

新时期，提升思想政治理论课教学实效性需要教育者灵活使用信息技术手段，汇集网络教学资源，打造线上思政"金课"，精准发力优化教学效果。正如北京师范大学教授张志勇所言："人机协同是未来教育的常态，该交给机器的教学活动就要交给机器，该让机器辅助的，要大胆辅助教师的教学活动，代替教师的很多劳动。"

1.培育线上高精尖思想政治理论课教师队伍

在思想政治理论课教学中，教师是主角、是主导者、是提高教学质量的关键力量。在信息技术与教育教学深度融合的发展趋势下，要全方位整合教育资源，培育一支线上高精尖思想政治理论课教师队伍，具备与线下"数十名国内有广泛影响的思政课名师大家、数百名思政课教学领军人才、数万名思政课教学骨干"相匹敌的站位高、能力强的人才。

第一，号召广大教育者要紧跟时代步伐，及时转变思想观念，在与马克思主义基本立场观点方法保持高度一致、与习近平新时代中国特色社会主义思想保持高度一致的基础上，树立"互联网＋教育"的新型教育理念。习近平总书记指出："当今世界，网络信息技术日新月异，全面融入社会生产生活，深刻改变着全球经济格局、利益格局、安全格局。世界主要国家都把互联网作为经济发展、技术创新的重点，把互联网作为谋求竞争新优势的战略方向。"信息技术、互联网的飞速发展给教育领域带来了巨大变革，成为教育改革发展的重要依托。作为思想政治理论课教师，要与广大思想政治理论课教师力量拧成一股绳，看到网络载体在丰富发展思想政治理论课方面的重要影响力，主动发力、积极作为。

第二，教育者要积极参与实践活动，在专题培训、网络培训项目中提升专业技能。"周末理论大讲堂"是面向全国思想政治理论课教师开设的专题理论培训，每周一讲，每讲 2 小时左右，其内容主要是对马克思主义经典著作、习近平新时代中国特色社会主义思想进行学习研读。"周末理论大讲堂"是思想政治理论课教育者自我学习、自我提升的重要网络资源。习近平新时代中国特色社会主义思想专题培训是教育部联合有关部门举办的针对骨干教师和新入职教师的专题培训，每年开展 12 期，每期 100 人，培训时间为 3 周，这是教育者拓宽专业知识、强化职业道德的重要途径。国内外骨干教师研修班重在"研修"二字，主要遴选高校思政理论课拔尖教师参与培训，并对课程内容、教材体系、研修基地等方面进行精准要求，这是打造高精尖教师的可靠渠道。全国高校思政理论课示范教学展示活动和全国高校思政理论课教师队伍建设先进经验宣传都是汇集优秀师资力量、交流经验、淬炼教学能力的重要途径。教育者要及时抓住机会，积极参与上述培训活动，在实践中提升专业能力，增强育人本领。

第三，建设信息化教学团队。通过多渠道选拔出一支具有高精尖师资的队伍，将汇集起来的师资力量作为核心教师队伍开展教学研究和教学建设。团队建设要充分考虑人才结构的合理性，团队成员分工负责，互补共进。师资队伍要有较强的信息素养，熟知线上思想政治理论课教学的技术操作，对学生关注的热点和存在的困惑有极强的敏锐度和认知能力，教学理念先进，教学能力、科研能力拔尖。这样强强联合的高质量人才团队无疑是推动思想政治教育工作改革深化的主力军，是优化思想政治理论课教学效果的中坚力量。

2. 汇集网络资源，增强话语魅力

依托移动互联网、信息技术平台、网络舆论场的发展，信息传播速度加快，世界各地的新闻轶事同步传播，网络世界充斥着各种流动信息。在社会发展的不同阶段，"个体的生命历程被嵌入了历史的时间和他们在生命岁月中所经历的事件之中，同时也被这些时间和事件所影响着"。当前，在机遇与挑战共存的网络大环境中，思想政治教育者需要主动出击，抢占主动权，占领网络高地，重视与大学生息息相关的社会大事件，提炼教学资源，创新话语表达方式，增强话语魅力，是提升网络思想政治教育话语权、增强思想政治教育有效性的重要途径。

在信息化时代，高度开放的网络空间承载了数以亿计的网民的交互活动，囊括了纷繁复杂的各类信息资源。思想政治理论课要增强吸引力，体现时代性，首先必须跨时空汇集涵盖视觉、听觉与文本的优质教学资源。网络精准算法的信息推送方式在迎合特定网民信息偏好的同时，也带有信息封闭的局限性，制约着网民信息视野和思维。鉴于此，教育者需要在网络空间中冲破信息孤岛，打破信息推送的封闭性与偏向性，以统筹全局的视野来捕捉信息热点，提炼热点教学资源，形成系统的、实时更新的网络素材体系。纳入体系的网络教学资源要聚焦现实问题，紧扣时代和社会发展主题，反映群体热议的、密切关注的问题，才能更好地发挥引领网络思想价值舆论的导向作用，凝聚思想共识。

其次，对于选择性提炼的教育素材要进行再加工。"内容永远是根本"，增强网络思想政治教育的话语魅力，离不开丰富深刻的话语内容。兼具真理性和价值性的话语内容才更具魅力，因此直接获取的一手网络素材并不能直接融入思想政治教育活动中，而要立足社会生活，将其与马克思主义基本原理和中国特色社会主义伟大实践结合起来，增强话语内容的思想性和逻辑性，初步形成网络话语体系，助推教育内容更系统地入耳、入脑、入心。

最后，要创新话语表达方式，增强思想政治理论课的趣味性。教育者要充分运用短视频播放、角色扮演、数据可视化分析、虚拟现实（VR）技术、混合现实（MR）技术、榜样现身说法等表达手段，综合多重感官刺激，巧妙结合排比、比喻、双关、对比等各类语言表达修辞手法提升语言艺术，吸纳民众喜闻乐见的话语表达方式，将"网言网语"融入课堂之中，拉近师生距离感，增强课堂吸引力，进而达到激发学生情感共鸣、启发学生深入思考的目的。此外，增强思想政治教育话语魅力离不开教育主体的情感注入。网络信息技术融入课堂，改变了原本单一的理论灌输模式，视频呈现、课件展示等教学环节需要融入深厚的情感才能使得课堂免于生硬死板和形式化。话语主体需要加大情感投入，以真挚的情感、深切的关爱感染教育对象，了解当代青年的需求与困惑，有针对性地营造正能量的叙事情景，以情感人，以理服人，带动教育对象自觉主动融入课堂思考，激发情感共鸣。

（二）强化教师队伍

习近平总书记号召全国广大教师做"有理想信念、有道德情操、有扎实知识、有仁爱之心"的"上有"教师。高校思想政治理论课教师应该以"四有"教师为准则，在高校课堂教学的过程中架构和谐共处的师生关系，将教师内在的道德素养显化为亲和力和感染力，使教师成为大学生思想的指引者。

高校思想政治理论课教师是马克思主义理论和党的路线、方针、政策的宣讲者，社会主义意识形态和精神文明的传播者，是大学生健康成长的指导者和引路人。加强高校思想政治理论课教师的队伍建设，与办好高校思想政治理论课教学是相辅相成的。

因此，高校应该给高校思想政治理论课教师队伍更多的政策支持，有政策的保障，高校思想政治理论课教师发展中的问题就能够得到有效和妥善的解决。同时，高校思想政治理论课教师应该在提升理论素养、完善知识结构、提高人格魅力和加强自身品行修养的同时，更多地参与社会实践。高校思想政治理论课教师可以通过社会实践经历来总结经验，这样才能做到用思想政治理论解释现状。因此，高校思想政治理论课教师需要牢固掌握理论基础知识，以提升课堂教学的理论魅力，并通过高校思想政治理论课堂加强思想舆论引导，增强大学生对于主流意识的认同感，凝聚价值共识。

高校思想政治理论课是用马克思主义理论系统引导高校师生的重要环节，高校思想政治理论课教师队伍是对大学生进行思想政治教育的主体，承担着传播知识、传播真理的历史使命。高校思想政治理论课教师自身的理论水平、思想素质和道德水平将会直接影响高校思想政治理论课对大学生的感召力。教育者需要紧随时代的变化，灵活掌握并积极运用新媒体技术，不断更新教学观念。除此之外，高校思想政治理论课教师也应当立足于学生的具体实际，不断探索和创新教学模式，提高高校思想政治教育课堂的效率，从而满足大学生成长发展的需求。因此，高校思想政治理论课教师必须具备过硬的政治素养。要想推进高校思想政治理论课教师队伍建设就应该突显教师队伍提升的重要价值，充分展现教师队伍的素质保障，尊重教师的主观能动性，增强高校思想政治理论课教师的学科归属感。高校思想政治理论课教师应不断增强科研意识，并提高科研水平，只有对高校思想政治理论课领域的重点问题进行分析和展望，改革和创新高校思想政治理论课的教学模式，不断充实高校思想政治理论课的教学内容，才能更好地优化高校思想政治理论课的教学效果。

高校思想政治理论课教师队伍建设为提升高校思想政治理论课教学质量和实践成效提供了一定的人才保障，高校应进一步加强高校思想政治理论课学术道德建设，完善教师考核评价体系，健全高校思想政治理论课教师培训体制，大力倡导为人师表、以身作则的教风，提升高校思想政治理论课教师的政治操守和理论素养。强化高校思想政治理论课教师队伍建设是具有整体性的职责，需要具体立足本校实际情况，建构人才成长的制度体系，加大资金投入，同时，提出切实可行的措施，促进资源共享。高校也要通过建立专项评优评先奖励制度，并解决好教师聘任的问题，从而促进高校思想政治理论课教师队伍保持健康、稳定的发展。同时，鼓励各高校共同组织课题研究、开展教学研讨会，互相讨论、总结经验，或者是通过建立校际协作机制，把握大学生的思想发展动态，共同进行人才培养，从而推动高校思想政治理论课教师队伍均衡发展。

总之，高校思想政治理论课教师队伍的建设，是决定大学生思想政治教育工作成效的重要过程。在不断发展变化的新形势下，高校应当立足各自的实际情况，通过改革人才培育体制、深化教师队伍建设等措施，努力建设一支专业化的高素质高校思想政治理论课教师队伍，否则，就难以提升高校思想政治理论课的教学效果。

（三）提升制度供给

高校思想政治理论课相关教学制度的制定和规划，源于一定时期高校思想政治教育教学所处的环境及由环境变化所带来的机遇和挑战，最终将会服务于大学生思想政治教育工作总体目标的完成。高校思想政治教育制度体系就是在综合意义上的思想政治教育规范体，是高校思想政治教育教学在一定时间段内的总体布局和建设框架的规范与定型。因此，对相关制度的深入研究是推动高校思想政治教育教学发展的必然要求。

高校思想政治理论课不仅是高校教育教学中的一门基础性课程，而且也是一项涉及政治和政策的教学任务，具有鲜明的政治取向和国家意志的属性。党中央、教育部及地方政府都相当注重思想道德、意识形态及价值观等对高校人才培养的重大作用。

高校思想政治理论课肩负着对大学生进行系统的思想政治教育和马克思主义理论教育的重要任务，从思政理论课教材的编写审定到具体的教学实施，都受到党和国家最高领导层的特殊关怀。伴随马克思主义理论在中国的发展以及中国特色社会主义实践的不断更新和发展，同时，大学生的成长发展也带来了新的需求和憧憬，这就决定了新时代高校思想政治理论课教学需要改革创新，与时俱进，做到因事而化、因势而新。高校应当完善高校思想政治理论课教师教学和科研成果的认定制度，施行科研成果代表作制度。

要在遵从思想政治工作规律、课堂组织规律、学生成长规律的基础上，不断提高高校思想政治理论课的教学效果，使高新思想政治理论课真正成为大学生终身受益的人生大课。因此，唯有良好的制度才能保障良治，在促进高校思想政治教育制度化的过程中，也只有严谨高校思想政治教育制度才能最大限度地提高高校思想政治教育教学的实践成效。

高校思想政治教育制度的建设，本质上是不断推进高校思想政治教育体系系统化、规范化建设的过程，同时对于系统推进高校思想政治教育教学模式的改革与发展，也具有十分重要的意义。高校思想政治教育制度建设应当从整体出发，建立内容完备和各要素协同的运转系统，随着环境的发展不断完善、动态调整。高校应该以习近平新时代中国特色社会主义思想为指导，以理想信念教育为核心，以立德树人为根本，以培育社会主义核心价值观为主线，全面提升高校思想政治教育工作的质量。高校思想政治教育逐渐走向制度化是增强高校思想政治教育实效性的客观需要，同时，相关制度的建设也是高校思想政治教育有效性的保障，确保高校思想政治教育与时代发展同步前进。

新时期，在高校思想政治教育发展过程中，教育教学面临新形势、新任务，如何走出高校思想政治理论课教学的困境、预先设置课堂布局，引领一定时期内高校思想政治教育工作的正确方向，是需要处理的重要问题。

（四）丰富教育服务形态

当今社会，多媒体技术发展迅速，科技日新月异、思想丰富多元。新形势的变化带来了新问题和新挑战，部分高校对思想政治理论课的重要性认识不到位，课堂教学效果还需提升，教师选配和培养工作存在短板，体制机制有待完善，评价和支持体系有待健全。我国高校思想政治教育的根本目的就是促进大学生全面发展，提高大学生的思想品德素养，激发大学生为建设中国特色社会主义、实现共产主义而拼搏。

高校思想政治理论课教学模式的合理运用将会直接关系到高校思想政治理论课的教学效果，从而对是否能完成教学目标任务产生较大影响。所以，教学模式的改革和创新应该与高校思想政治理论课教学实际相结合，对于落后、单一的教学模式要及时改进，从而使高校思想政治理论课教学的实效得到有效的提升。关于高校思想政治理论课教学改革，首先，高校需要加强顶层设计，将马克思主义学院的建设和规划列入学校的重点发展或者是"双一流"建设中，从而提升全校各部门及师生对高校思想政治理论课的重视程度。其次，高校应该要积极协调有关部门，认真监管和负责马克思主义学院，积极应对高校思想政治理论课在建设与发展中遇到的新问题、新情况，以便加强对高校思想政治课教育教学工作的宏观调整，使得高校各部门相互协调和配合，形成改革高校思想政治教学的强大合力。最后，高校应该加强各学院和大学生等对高校思想政治理论课的重视程度，从根本上确立育人为本、德育为先的教学思想，以确保高校思想政治理论课发挥高校思想政治教育主渠道的作用，明确思想政治理论课的教学内容就是对大学生最基本的要求，也是最基本的道德前提。

高校可以统筹制订教学计划，建立健全教学管理规程，优化教育教学环节；针对大学生普遍存在的重点问题，积极推进理论阐释，不断提升思想政治理论课的权威性和影响力。高校应该完善德育工作体系，树立科学的教育质量观，深化高校思想政治理论课教学改革，认真制订德育课堂教学实施方案，构建德智体美劳全面培养的教育体系，健全立德树人机制，教育引导高校学生形成爱党、爱国、爱人民、爱社会主义的情感；坚持整体性，建好每所学校、教好每位学生；坚持知行合一，让学生成为生活和学习的主人。同时，也要积极探索基于互联网和多媒体技术的教学，加快数字化校园建设，引导大学生形成良好的思想道德素质，强化学生良好行为习惯和法治意识的养成，加强大学生思想品德修养教育。高校思想政治理论课教学改革能够发挥高校思想政治教育教学的保证和导向功能，从而实现思想一致、行动统一和政治共识，使大学生始终坚持正确的政治方向。也就是说，高校思想政治教育，可以使大学生在政治方向、政治原则上达成共识，从而消除分歧与偏向，维护正常的秩序，保证政治思想的同步性，为社会进步和人的全面发展奠定基础。

当代大学生对教育成果的理解和掌握，主要是靠教育者和教学环境对高校思想政治教育模式的有效供给。这也就说明了大学生处于被动学习知识的境况，缺乏积极主动性。高校只有不断地进行深入改革，不断革新高校思想政治教育教学模式，并将其有效地推行到实际的高校思想政治教育过程中，大学生才能积极主动地参与课堂教学，完成高校思想政治教育成果共享，为社会发展做出自己应有的贡献。

（五）积极改进教学方式

1.彻底贯彻现代双边能动模式

高校思想政治理论课传统教学方式，一直是以教师为主体的单边能动模式。在这种模式的课堂上，"教师教、学生听和记"，以教师的"教"为主体。教师经常讲的疲惫不堪，学生一脸茫然或者低头忙碌地抄笔记，还有不少学生早已"神游"到课堂之外，这就是我们常说的"填鸭式"灌输教学。长久以来，我们一直在批评这种教学方式不适合这个时代，不适合高校学生，更不利于教学效果的提高。但不少高校的思想政治理论课教学直至今日，仍以这种教学方式为主。高校思想政治理论课教学日益突显的困境让我们不得不转变观念，正确看待教师和学生在教学过程中所扮演的角色，打破传统的单边能动模式。

在教学过程中，教师是教学的主导者、组织者、主持人，主要负责教学的设计、过程的组织和主持、教学的总结及引发思考等工作，帮助学生感知、识记、理解、掌握相关理论知识，并引导学生将这些知识与实际生活相联系，在学生思想出现偏差的时候及时给予纠正。学生是学习的主体，因此学生在课堂教学中，应积极发挥自己的主观能动性，在教师的指导下，参与到教学活动中，思考教师提出的问题，和同学讨论想法、完成作业，遇到问题或者有疑问时应及时与教师进行交流。这种以教师为主导，以学生为主体，师生各自扮演好自己的角色进行教学的方式，就是现代双边能动模式。在这种模式下，教师能广泛听取学生意见，引导学生思考，不再是"一言堂"，充分发挥了学生的主观能动性，展示了学生的个性特点和特长，使得教学活动在师生间有来有往、实现互动，从而达到了教学的目的。

2.积极采用多样化的教学方式

教学方式的多样化既能活跃课堂，吸引学生的注意力，消除学习的抵抗性、厌倦感，又能客观地帮助学生理解和掌握知识点。现将较为有效的教学方法归纳如下。

（1）灌输法

灌输法是目前高校思想政治理论课教学常用的方法，也是传统方法。不少教师在进行方法创新时，主张彻底放弃灌输法。但是在教学中我们发现，就高校思想政治理论课学科本身的性质而言，采用一定的灌输法是必要的。这种方式可以先帮助高校学生树立一定的意识，为之后的理解、运用做好铺垫。当然这里的"灌输法"不是传统的"填鸭式"灌输，而是以学生为主体的适当灌输。查阅国外思想政治教育文献时发现，不少国家都在使用灌输法，并且效果不错。因此，灌输法的适当使用对高校思想政治理论课教学有提高教学效果的作用，不可盲目批评或者直接放弃使用。

（2）启发式教学法

启发式教学法是一种能调动学生积极性、主动性的教学方式，受到一线教师和教育专家的推崇。这种方式，以学生为出发点，以启发学生思维为核心，结合教学任务和客观的学习规律，采用多种方式进行教学，具有很强的互动性，充分体现了学生的主体作用。在教学过程中，教师设计具有价值的讨论问题，给予适当的启发，引导学生独立思考并讨论总结。注意教学过程的启发要适度，要及时对学生的提问进行解答，并要控制好课堂纪律。恰当地使用启发式教学法，对培养学生的逻辑思维能力和解决问题的能力有较大促进作用。但是启发式教学法要求教师有深厚的专业知识、扎实的教学组织能力、敏捷的反应能力，以及对学生思想特点有一定了解。因此，教师要不断提升自己的业务素质和教学能力才能用好启发式教学法。

（3）案例教学法

案例教学法起源于美国哈佛商学院，是利用案例分析进行教学内容传授的一种教学法。在案例教学法中，教师起设计问题和激励的作用，引导学生积极参与到问题讨论中，在思想碰撞中，让学生对知识点有深刻的认识和理解。教师提出的案例没有特定的解决之道，相当于对学生进行头脑风暴。这种教学方法的教学效果较好，能快速吸引学生的注意力，还能调动学生学习的积极性。但授课过程要注意两点：一是对案例的选择要遵守"三贴近"（贴近实际、贴近生活、贴近群众）原则，同时要适合高校学生的年龄特点；二是对案例的总评分析要深刻、透彻，与课本理论知识建立联系。

二、需求侧角度的创新思考

（一）加强大学生思政学习获得感

在高校思想政治理论课教学过程中，需要注重大学生的主体地位，让大学生意识到学习高校思想政治理论课的重要性与必要性，并且愿意积极参与高校思想政治理论课教学活动，进而达到更佳的教学效果。高校思想政治理论课在高校课程体系中占据着极其重要的地位，随着时代的发展，高校思想政治理论课教学改革已成为必然趋势。同时，在教学模式改革的过程中应强化学生个体的课堂反馈，尊重学生的个体差异。

高校思想政治理论课教学应引导和加强学生对多元文化的鉴别能力及对于不同社会思潮的挑选能力。高校思想政治理论课教学要引导学生深化对马克思主义的理解和认知。坚定大学生对马克思主义的信仰、对社会主义和共产主义的信念、对中国特色社会主义道路的自信，努力培养承担民族复兴大任的时代新人，培育德智体美劳全面发展的社会主义建设者和接班人。正确引导学生，使学生在学习过程中逐渐学会利用马克思主义思维去解决生活中遇到的问题，推动马克思主义的发展。高校思想政治理论课教学不可能只有某一种单一的教学模式，课堂教学的开展需要适合全体大学生，同时，也要注重个体差异。因此，这就必然要求做足了解和研究学情、学生实际的工作，把握大学生需求侧的实际状况。同时，每一位大学生掌握相同的教学内容所花费的时间也是有差异的。

高校思想政治理论课教学不应遵循系统化的教育规则，要能根据学生自身的思想道德观念及对思想教育的领悟有针对性地开展教学活动，确保各项教学模式的改革和推行，切实增强实际的教学效果。高校思想政治理论课教师是意义建构的促进者，而大学生是意义建构的主动者。高校思想政治理论课教学应当围绕学习者进行，要强调大学生的主体作用。因而，重视对大学生思想政治理论课学习获得感的应用便显得尤为重要。在传统思想政治理论课教学中，学生普遍认为思想政治理论课是比较空洞的，而且枯燥乏味，只是单纯的政治说教，这样难免就会让学生失去学习的兴趣和动力。改革和创新教学模式要确保在教育教学课堂中体现大学生的核心位置，有效增强大学生学习思想政治教育的成效。同时，要加强与大学生之间的沟通交流，并促进大学生逻辑思维和综合能力的发展。教学模式的改革创新，会在很大程度上改变学生的认识，从感性认识上升到理性认识，让大学生对国家未来的发展具有使命担当，提高自身的使命感和责任感。

高校思想政治理论课应当深入探究大学生的学习环境，引导树立正确的思想政治观念，促进学生主动参与学习实践，将多种高校思想政治教育教学模式相结合，优化教学过程，激发学生在课堂学习过程中的思想认同，以达到最佳的高校思想政治教育教学效果。在课堂情景设立的同时，应该加强课堂教学互动与兴趣指引，解决因学生自身引起的学习获得感缺乏问题，重视以学生为课堂主导，为学生营造良好的环境，增加学生的获得感。针对认同感不足的大学生，应该进行多层次教学，让大学生在思想上对思想政治理论课的学习产生共识，通过长期教育渲染与知识感染，使大学生对高校思想政治理论课的学习有正确的认识，为进一步的高校思想政治教学夯实理论基础。

高校思想政治理论课教学将会不断增强学生的品德素养和道德水平。高校思想政治理论不同于概念知识教学，其教育实施的意义在于通过高校思想政治理论课教学培养大学生良好的思想道德水平。所以，高校思想政治理论课教学必须通过高校思想政治教育教学途径，使学生对高校思想政治理论课的内容产生认同和领悟，从而能够有效地将理论知识运用于实际生活与教学实践。

（二）协同家庭、学校，形成教育合力

高校通过进行思想政治教育，能够增强大学生的家庭责任感，家庭责任能够为大学生及社会发展进步提供动力。

高校思想政治理论课是对大学生进行思想政治教育的首要途径，承担对大学生进行正确思想道德教育的重担，而家庭教育是学生学习成长的摇篮，营造家庭的学习氛围是非常重要的。家庭负有启蒙重任，家长应该以好学、善学的家庭氛围去感染孩子。同时，家庭也是学生长期发展的重要影响因素，家长和孩子应该互相学习进步。

在高校的社团与课余活动的组织中，应该倡导成立或发展一些适度联系到家庭的社团或活动，让大学生深刻感受到家庭生活的多面化和复杂性，增添大学生的社会经验和阅历，激发他们的家庭责任感。

家庭思想道德教育的缺乏会在根本上潜移默化地影响和改变学生，使得学生在成长发展的过程中没有亲身体验和正确认知社会的发展历程，难以分辨不同社会思想的真伪。针对目前高校思想政治教育存在的问题，我们应该打破不同的思想政治教育途径之间的壁垒，协调和增强思想政治理论课、学生学习、家庭教育三方面的沟通和联系，将三者有机结合起来。同时，家庭教育也是大学生思想道德教育的根基，需要稳固家庭教育在高校思想政治教育中的重要地位，同时，凭借社会力量，积极投入高校思想政治教育教学中去。

在大多数家庭教育中，德育教育的意识相对弱化，家长普遍注重学生的学习成绩，而没有关注学生思想道德的全面发展，导致学生主体责任心不强，同时，也面临着社会环境给予的挑战。如果高校思想政治教育教学能够以科学、理性而又温馨的方式对家庭中各种矛盾、各种情况进行理性引导，从而增进大学生对于家庭道德教育的理性观点，也能够进一步培育大学生的家庭使命感和责任感，家

庭教育对于大学生自身品德的发展，以及社会的稳固发展都非常有益。在培养家庭教育的基础上，还应该着重利用各种实践活动来大学生的学习兴趣。家庭责任感的树立能够成为高校思想政治教育教学的重要影响因素，但与此同时，也要重视在探究传统文化、西方文化和人权理论的进程中，对有关家庭教育的影响因素应进行合理辩证选择和合理整合。

针对目前高校思想政治教育持续存在的一些问题，需要打破不同的思想政治教育途径之间的界限，加强学生学习、思想政治理论课、家庭教育三方面的沟通和联系，建立学生学习、思想政治理论课、家庭教育三位一体的思想政治教育模式，使之达到优势互补，有效改善大学生思想供给与社会需求之间的冲突，切实提高高校思想政治教育效果。

（三）重视大学生社会需求

在当前发展形势下，优化高校思想政治理论课教学，要着眼于百年未有之大变局，要从坚定和发扬中国特色社会主义、建立社会主义现代化强国、实现中华民族伟大复兴的高度来对待。因此，现今的环境变化、社会经济的发展，对高校思想政治理论课教学提出了巨大的挑战，需要对高校思想政治理论课教学模式进行改革和创新。

初进大学校门，每位大学生都需要创立新的同学关系，以更快地适应大学生活。如果缺乏良好的人际关系，没有其他人的认可和理解，就会导致大学生的社会需求和自我认同感得不到肯定，可能会影响对待学习和校园生活的热情，甚至严重影响学习效果。传统高校思想政治理论课教学过多地强调了单纯的学习层面和简单的教师单向讲述状态，没有注重大学生自身的主体性和社会需求。社会需求是属于较高层次的需求，高校思想政治教育要让大学生参与实际教学过程中进行实际的教学体验，切身体会在日常生活中怎样合理地利用道德准则对自身加以约束，从而形成对社会总体道德水平的影响。

高校思想政治理论课旨在帮助大学生形成正确的思想道德。除了在课堂上讲授教材内容知识，教师还需要联系社会热点问题和校园日常生活，严格遵循国家课程标准和课程方案实践教学，以保证大学生能够达到国家规定的学业质量标准，从而提升高校思想政治理论课教学的实效性。同时，高校思想政治理论课教师要擅长对大学生在人际交往中出现的一些阻碍和难点及时予以正向帮助和开导，创设和谐的师生关系，协助和引导大学生营造良好的人际交往环境，同时，要增加实验教学，开展多样化的读书和学习活动，减轻大学生的学业负担。

高校应当在思想政治理论课中设立实践教学环节，以此来培植和增强大学生了解社会、分析社会问题的综合能力，进一步提升大学生的思想道德素质，以推进大学生的全面发展，提升大学生的思想道德素质。高校思想政治理论课教学一定要注重大学生才能的发掘和培养，关心大学生自身价值及自我实现的需要，给每位大学生更多发挥和施展才华的平台，使大学生能够有足够的时间和舞台以实现其人生价值。

第六章　高校思政课实践教学建设

作为高校思政课的重要组成部分，思政课实践教学具有十分重要的作用，有利于增强高校思政课的实效性，促进大学生的全面发展。当前思政课实践教学仍然存在一些问题。因此，应通过制度、物质、师资、基地等多种渠道开展思政课实践教学活动，从而增强思政课的育人功能。本章分为高校思政课实践教学现状、新时代高校思政课实践教学面临的挑战、新时代高校思政课实践教学改革的路径三部分，主要包括高校思政课实践教学取得的成绩、高校思政课实践教学存在的问题、高校思政课实践教学改革制度保障、高校思政课实践教学改革物质保障等内容。

第一节　高校思政课实践教学现状

一、高校思政课实践教学取得的成绩

对高校思政课实践教学进行分析后发现，其在两个方面取得了显著成绩：一是实践教学课程体系在不断完善。基于实践教学，高校思政课实践教学的内容框架逐渐完善，课程体系的全面性不断提升。二是高校思政课实践教学的受重视程度在不断增加。党的十九大以来，国家连续下发文件，强调高校思政课实践教学的重要性，这逐渐改变了高校对思政课实践教学的看法和态度。实践教学是高校思政课的一个重要环节，高校纷纷制订周密的教学计划，对实践教学予以高度重视，把实践教学和理论教学视为同等指标进行考核。

二、高校思政课实践教学存在的问题

（一）对实践教学重视不够

由于社会中一些错误观念的影响，高校思政课教学理念受到功利化的价值取

向的冲击。一些学校领导对实践教学活动的重视程度不够，教师组织实践教学活动的目标不够明确，学生参与实践教学活动的积极性低、获得感低，实践教学活动则被贴上了"走形式、走过场"的标签，使得受教育者不认同实践教学，也使得实践教学的效果不佳，违背了立德树人的教育目标。

（二）实践教学资源整合不足

各高校之间各行其是，没有联动实施实践教学计划，同时各高校内部学生系统与教师系统的资源未能接洽。如若将高校内部的系统上下联动，形成合力，例如，学生会、校团委、学工部、创新创业园等，共享实践教学资源，整合校内资源，那么校园内部的实践教学效果将会有质的变化。

实践教学体系的建构至关重要，是保证实践教学能够顺利开展并实现预期目标的关键所在。但经调查研究，实践教学选题指南与高校思想政治理论课教学内容存在一定程度上的脱节，未充分对接高校思想政治理论课教学内容来确定实践教学选题指南。实践教学的运行体系与保障体系存在很大的缺口，实践教学在实施的过程中，课时数量未能得到有效保障，时间安排不充足或不合理，实践教学的效果不明显，实践教学基地建设单一、简陋，实践经费欠缺，实践教学环境存在安全隐患等。由于多方面的原因，实践教学的体系需要不断完善。

（三）实践教学方式陈旧

随着社会的进步与科技的发展，传统的实践教学方式稍显陈旧，需要不断革新，与时俱进。新颖的教学方式不仅可以提高学生参与的积极性，同时能有效提升教学效果，使实践教学成为行之有效的重要环节。我们应当紧跟时代的步伐，将网络作为实践教学的重要阵地。首先，应当将课堂内实践教学、社会实践教学与网络虚拟实践教学三者紧密结合，加强实践教学在思想政治教育中的全面性与综合性，提高学生的参与度与获得感。其次，在为高校学生营造积极健康的校园网络环境的基础之上，加强党和国家的路线方针政策的宣传与解读，并大力弘扬主流文化，广泛宣传主流思想。利用微信、微博、QQ、超星等网络平台充盈实践教学方式，更好地引导学生树立正确的三观，更深入地帮助学生成为"全面发展的人"。

（四）实践教学缺乏科学管理

第一，很多高校在教学实习、教学实验方面缺乏科学管理，大大降低了实践教学的实施力度、广度和深度。

第二，实践教学培训指导中心与学校有关部门之间缺乏密切的联系。根据调查，目前有些高校并没有把实践教学当作学生实践的重要组成部分，并且缺乏专业的教师进行全程指导。从调查的实际情况来看，高校在组织实践教学活动中出现了各部门联系不紧密的情况，未能将实践教学活动与学校统一组织的实践活动有机地结合在一起。

（五）实践教学保障机制不健全

1. 时间保障机制不健全

大学生不同专业的课程数量不一，有些专业的学生课程量大，没有足够的时间参与实践教学活动，导致实践教学的阻碍很大。同时，部分学生需要辅修第二专业或参加培训考试，没有足够的精力参加实践教学活动。

2. 经费保障机制不健全

开展实践教学需要经费支持，特别是在校外进行的实践教学活动，包括餐饮费、住宿费、交通费等。但是，部分高校经费保障机制不健全，导致实践教学不能顺利推进。究其根本，多数高校仍然沿用过去的旧观念、旧制度，认为理论教学更为重要，因此将大部分经费倾向于理论教学，致使实践教学只能使用活动经费中的很少一部分，这就无法促进实践教学的有效开展。

第二节　新时代高校思政课实践教学面临的挑战

一、对思政课教师熟练运用信息技术开展实践教学带来更多考验

只有赢得互联网，才能赢得青年；只有过好网络关，才能过好时代关。当今时代，以互联网为基础的信息技术早已突破了课堂、学校和知识的传统边界，将思政课实践教学传统优势与信息技术高度融合，把"面对面"与"键对键"结合起来是增强大学生获得感的重要手段，而思政课教师就在其中发挥了"耦合剂"的重要作用。没有思政课教师正确、巧妙地运用，新媒体新技术就无法发挥作用，但又无疑又对思政课教师"手艺"、实践教学"工艺"提出考验，其中既包含了对教师专业素养的要求，又包含了对教师使用新媒体技能的要求，需要思政课教师勇于进行自我革新。

二、对思政课实践教学内容和方法设计提出更高要求

融媒体环境下，大学生更容易接受新奇、感性、通俗的信息，以往思政课实践教学陈旧、单一、重复的内容显然不符合要求，但一味地迎合大学生的偏好，就容易出现实践教学内容碎片化、娱乐化等问题。因此，发挥融媒体与思政课实践教学相结合的最大作用，要求思政课教师学会利用新媒体新技术针对教学对象的特点，对实践教学内容进行深度加工；根据学生实际精心设计和打磨教学设计，以往的思政课实践教学往往将注意力放在思政课实践教学的课前、课中环节，而忽视了课后的巩固深化与反馈，融媒体环境下更要加强对课后环节的重视。

三、影响大学生对思政课实践教学的效果评价

目前，思政课实践教学的效果评价主要是以师生互评、生生互评的方式进行的，个别学校会采用第三方企业评价，而融媒体与思政课实践教学的结合，无疑为实践教学的考评提供了更加多元的途径，也让实践教学的考评更加灵活。例如，教师可以结合学生的实践作品在新媒体平台获得的评价、点赞数量等来折算成相应的成绩；借助新媒体技术监测手段，动态监测学生的实践过程等。但是，这样的做法实施起来具有一定难度：一是看似客观，实则难以为实践教学的考评提供定量和定性的标准；二是对教师所在部门的技术支持是巨大的考验，技术操作上对专业性要求较高，教师不易上手；三是由于缺乏考评标准，无法让学生信服，反而会影响学生对思政课实践教学的效果评价。

第三节　新时代高校思政课实践教学改革的路径

一、制度保障

（一）国家宏观政策保障

高校思政课相较于其他专业课程具有更强的政治属性，承担着培育大学生思想政治素质和道德品质的重要任务。因而，国家宏观政策是保证这一课程的实践育人功能得以实现的必然要求，更是推动这一课程高效运行的政策保障。健全科学的国家政策是推动思政课实践教学运行机制科学化、规范化发展的前提条件和

基本要求。具体来说，主要从加强这一课程的政策法规建设力度和强化政策法规的落实力度两个方面着手。

1. 加强相关政策法规的建设

通过国家相关政策法规的建设，进一步规范教学运行管理，加强这一课程的法制化建设，为其提供有力的政策依据。

一方面，从国家政策层面，起到强调这一课程的整体地位的作用，细化教育部门的职权与责任，提高社会群体对这一课程的重视程度，为其创造有利的政策环境。将这一课程作为衡量和评价高校办学质量的重要指标，将其纳入高校教育质量的评估体系，强化高校对这一课程的重视程度，更好地推动实践教学的发展。

另一方面，通过国家政策保障学生、教师和其他育人主体的权利和义务。政策法规更加明确了学生在思政课实践教学中的权利和义务，维护学生在实践过程中的合法权益；明确指导教师的权利和义务，为教师工作予以有效的法律保障；强调政府、企事业单位、社会组织协助开展思政课实践教学的相关职责，为学生实践和成长成才给予政策扶持，创造有利条件，尤其要特别重视政府、家庭和社会的育人功能，充分调动其积极性，切实解决学生实践的困难和阻力，对其予以一定的补偿措施等。

2. 加强高校相关政策法规的落实

政策法规的建设是思政课运行的前提，而政策法规的落实是思政课实践教学运行的重要影响因素。国家要监督高校切实将相关政策法规落实到高校思政课实践教学中，并不断地进行完善和调整。一方面，自上而下明确实践教学管理部门的职责，从国家教育主管部门、高校主管部门到思政课实践教学主管部门逐一划分职能，层层落实相应的政策法规。另一方面，严格落实已有的相关制度规范。自 2005 年《教育部关于进一步加强和改进高等学校思想政治理论课的意见》颁布以来，国家颁布了一系列相关的政策，这一课程的规范化建设已经有了一定的成效。例如，教育部在 2018 年明确要求，本科思政课实践教学从现有思政课程的学分中划分 2 个学分，专科思政课实践教学从现有思政课程的学分中划分 1 个学分开展这一课程的实践教学工作。高校要严格落实思政课实践教学新的学分规定，推进这一课程实现更为规范化的管理；切实落实好这一课程现有的规章制度，规范整个实践教学过程。又如，教育部 2021 年 11 月印发的《高等学校思想政治理论课建设标准（2021 年本）》，进一步加强高校思想政治理论课宏观指导，并规范了组织管理、教学管理、队伍管理和学科建设等相关内容，其中对实践教学提出的要求是：高校将实践教学纳入教学计划，统筹思想政治理论课各门课的实践教学，落实学分（本科2学分，专科1学分）、教学内容、指导教师和专项经费。实践教学覆盖全体学生，建立相对稳定的校外实践教学基地。

（二）学校微观制度保障

学校微观制度是对国家宏观政策的细化和具体实施，是推动实践教学协调运行和规范管理的必要条件，是构建这一课程运行机制的重要保障。总的来说，学校关于思政课实践教学的微观制度建设体现在学校和院系两个层面。

1. 强化学校层面的制度建设

对于与思政理论相关的实践教学而言，应当结合实际的发展状况，建立更加合理有效的规章制度。因此不但要站在宏观的角度上对这一实践具体经费投入、组织机构以及实施意见等进行有效的分析，还应当站在微观的角度上对教学大纲以及具体的实施程序进行确定。例如，从宏观的角度上来看，需要建设的规章制度有《关于实施思政理论实践教学的意见》《关于指导思政理论相关的实践教学领导小组的职责》等；从微观的角度上来看，需要建设的规章制度有《优秀调查报告的表彰办法》等。

在开展与思政理论相关的实践教学时，除了要重视建立合理有效的规章制度，还应当加强对管理人员的监督，确保相关的规章制度能够被贯彻落实，使其能够充分发挥出实际作用。因此，需要有一种外部力量或者高于学校的力量来对学校内部相关组织管理机构进行考评。高等学校教学指导委员会、教育部高等教育教学评估中心等教育管理部门应当充分发挥其作用，把思政课实践教学作为考察学校思政课教育效果的重要内容，并将其作为学校各种荣誉奖项评估、硕博学位点评估的重要考量。另外，各级科研立项管理单位要树立实践教学的导向，一方面，将实践教学纳入教师个人申请科研项目的考核范围，另一方面，适当增加"实践教学"科研立项。总之，需要对高校组织管理机构提出更高的要求，使其对执行工作有较高的重视度，并且通过共同努力，营造出良好的环境，确保相关实践教学的开展能够更加规范化、合理化。

2. 强化院系层面的制度建设

马克思主义学院及其实践教学指导中心等相关部门，要切实落实学校规章制度和实践教学工作细则等，做到层层落实，严格遵守。同时，学院及指导中心要结合实际的教学情况，健全和细化学校规章制度和编印教学辅导资料，让教师在具体实践教学指导工作中能够做到有据可依，同时让学生在实践活动中能够做到有章可循，规范整个实践活动过程。尤其是在考核评价机制不健全，导致这一课程考核评价实效性不高的现状下，课程的具体实施单位要制定完备科学的考核评价规章制度，使考核评价工作有制度遵循。马克思主义学院作为思政课实践教学的具体组织和实施机构，对指导教师进行直接管理，针对指导教师的教学动员和组织、教学培训等工作要形成具体完备的制度体系，通过制度建设使指导教师实现统一规范管理。从学校层面的制度到学院层面的制度，自上而下逐步落实，构建科学完备的制度体系，为保证这一课程的高效运行予以完备的制度支撑。

二、物质保障

（一）教学运行经费保障

为了确保与思政理论相关的实践教学工作顺利开展，对于活动方而言，其首先必须有充足的经费。中共中央曾经指出，要对教学经费相关问题有足够的重视度。所以，对于学校而言，应当综合实际发展状况，并且对教学需求有更加明确的把握，将与实践教学相关的经费列入年度预算中，并且针对实践教学为其设立出专用款项，从而为相关实践教学活动的开展奠定基础。

一方面，合理、高效地利用国家和学校的实践教学经费。当前，国家对这一课程的重视程度不断提高，同时这一课程的实践教学在人才培养中发挥出越来越重要的作用。因此，思政课实践教学在国家和高校层面得到更多的关注和资金投入。思政课实践教学具体实施单位要充分发挥好专项经费的作用，严格按照相关规章制度规范实践教学经费管理，不挪作他用，为保障实践教学高效运行提供充足的经费来源和物资储备。也可以将专业课教学经费作为这一课程经费来源的渠道之一，实现二者相互协作，做到资源共享，在一定程度上缓解实践教学运行经费不足的压力，也促进经费来源渠道的多样化和多元化。同时，这一课程可与高校科研创新项目相结合，充分利用科研平台，拓宽经费来源渠道，从侧面缓解教学运行经费不足的压力。高校科研项目与思政课实践相结合的形式，也为学生开展实践提供平台和机会，通过实践让学生了解社会调研、获取数据、分析数据等具体的科研工作内容，让学生在参与科研项目的同时提升自身实践能力和综合素质。科研项目负责人与学生各取所需，实现互利共赢，从另一个方面拓宽了实践教学潜在的经费来源渠道，增加了课程的经费投入。

另一方面，从政府、企事业单位、社会团体等渠道多方筹措实践教学运行经费。运行经费是开展思政课实践教学工作的前提，教育部提到"要积极争取社会力量支持，多渠道增加实践育人经费投入"。第一，学校就这一课程的开展与政府、企业加强密切合作。部分农村和乡镇地区的政府、企业等由于资金短缺、人才流失、地域偏远、基础设施不完善等多种原因，部分基础性和服务性工作实施有难度。这一情况为具备相关专业知识的大学生创造了更多的实践机会，既有力地解决了当地人才短缺的问题，也给予大学生一定的经费支持，促进实践教学发展，增强大学生认识和服务社会的本领，为大学生成长成才提供有力支持，双方实现互利共赢。第二，从社会团体、福利组织等机构获得实践教学经费补充。社会资金是补充高校教学经费的有力途径，也为大学生开展实践活动提供更为多样的机会。该课程的具体教学单位应积极加强与社会团体、福利组织的合作，协调开展社会服务活动，缓解由于经费不足而无法顺利开展实践活动的压力。

（二）教学硬件设施保障

完备的教学硬件设施为大学生开展实践活动创造有利的条件，为实践教学指导教师的教学工作提供更多的优势和便利，是构建思政课实践教学运行机制基本的物质条件和必要的物质保障。

具体说来，思政课实践教学硬件设施主要分为校园环境保障和实践教学设备保障两个方面的内容。一方面，校园环境保障主要是指保障学生开展实践活动的环境，具体说来是学生实践的地点和场所，如学生上课的教室、运动的体育场、学习的图书馆、实践基地、就餐的食堂等。另一方面，实践教学设备保障主要是指教学设备保障，具体是指教师办公室、办公用具等实践教学所必需的场所和设备。由于高校对思政课实践教学重视程度不够，该课程教学单位缺乏必要的经费支持，导致思政课实践教学的办公场所大都与其他理论课办公场所混杂使用，易造成实践教学工作效率不高，工作人员混乱的情况。只有对教学硬件设施进行必要的补充，为实践教学提供完备的教学设施和优良的校园环境，才能保障这一课程得以科学高效的运转。

（三）教学网络平台保障

教学网络平台运用网络信息技术，丰富了这一课程的教学形式，对优化思政课实践教学管理，促进这一课程的信息化建设具有重要作用。教学网络平台不仅是新时代高校发展的必然要求，而且也是推动当前思政课程发展的内在需要，是推动这一课程实现创造性发展的重要平台保障。

　　一方面，教学网络平台要体现教学功能，突出教学性。教学网络平台打破了教师与学生沟通交流的时空限制，教师的讲授和学生的学习通过网络实时联系在一起，学生不仅可以在传统课堂上与教师互动，而且也可以在实践活动过程中通过教学网络平台与教师实现线上交流，这样教师可以更高效地处理学生在实践活动过程中的问题和难题。同时教学网络平台可以创造相对轻松、开放的交流氛围，帮助增进师生的情感交流，有效弱化传统思想政治理论课单向灌输的缺点。教学网络平台的教学性不仅体现在教师对学生实践活动的远程指导和交流方面，同时也是学生相互沟通和互相学习的平台。利用实践教学网络平台的资源，学生可以了解和学习以往优秀实践教学个人和团队的成果，吸收和借鉴成功经验，也可以通过教学网络平台与其他同学开展实践活动交流，共同学习和进步，实现自我学习和自我教育，提升实践育人效果。

　　另一方面，教学网络平台要体现管理功能，突出管理性。相较于传统的课堂教学，实践教学具有实践活动时间的不稳定性和实践活动地点的自主选择性，因此加大了教学管理的难度，可以运用教学网络平台进行实时监督和高效管理，高效地推进实践教学活动。在实践活动前期，教师通过教学网络平台为学生提供必要的教学资料和实践活动材料等，让学生对实践活动有更充分的准备和了解，做好前期的准备以及教学记录；在实践活动中期，学生通过教学网络平台提交实践活动进程的相关材料和证明，监督学生的实践活动过程，适时对学生进行指导和帮助，有针对性地调整实践教学过程中不合理的地方；在实践活动后期，教师通过教学网络平台对学生的综合表现以及实践活动予以考核评价，并针对学生实践中的不足予以指导和帮助，提高教学的实效性。不仅如此，利用教学网络平台，也可以实现学校管理人员对教师教学过程的监管、教师对学生实践活动过程的监管以及学生根据教师的评价对实践活动过程予以调整。同时，教学网络平台要实现学生名单管理、通知发布、信息反馈、报告查重、成绩评定、成绩管理、数据统计和分析等功能，实现平台的智能化和科学化，开发和创新平台的新功能，力求弱化缺点，强化功能，防范风险，保障这一课程得以高效有序运行。

三、师资保障

（一）遴选专职指导教师

　　教师是影响这一课程教学实效性的关键因素，特别是专职指导教师在实践教学中具有重要的引导性。习近平同志对思政课教师提出了政治要强、情怀要深、思维要新、视野要广、自律要严、人格要正这六种素养的要求。思政课实践教学教师是推动大学生实践能力提升和综合素质培养的关键主体，是保障这一课程育人效果的主要推动力量。因而，遴选专职指导教师，整合指导教师力量，壮大专职指导教师队伍对保障思政课实践教学高效运行十分必要，对这一课程的教学运行机制的构建具有重要意义。

当前高校思政课实践教学专职指导教师的实践教学任务总体上比较繁重，同时还承担着理论课教学和科学研究的双重任务，所以这一类教师对该课程的实践教学显得力不从心，导致这一课程难以达到较高的教学质量和水平。常言道，术业有专攻，多数的思政课教师主要从事思政课的理论教学，在理论教学方面有较高的专业造诣和教学水平，但是在实践教学方面缺乏专业化的系统学习和培训，因此导致这一课程的实践教学效果大打折扣。因而，从现有的思政课专职教师中遴选出一批实践教学专业能力强、业务水平高的专职实践教学指导教师显得尤为必要。通过对遴选的专职实践教学教师开展交流学习、专业培训、脱产进修等专门的培训，提高这些教师的专业技能和业务水平，将其塑造成为专业素质过硬、教学能力精湛的实践教学专职指导教师。同时，高校在引进和招聘新教师时，要有针对性地引进思政课实践教学的专业教师，弥补现有教师在实践教学环节的不足。同时，青年教师在创新能力和实践能力方面占据更大的优势，再加上与高校大学生的年龄更为接近，与学生有更多的共同话题，沟通障碍相对较少。因此，这些青年教师在指导学生实践活动方面具有得天独厚的优势，实践教学效果也更为有效和明显。因此，实践教学能力出众的专业化青年教师队伍对推动这一课程向前发展具有重要作用。

具体说来，加强专职教师队伍建设可以从以下三个方面展开。第一，增加专职指导教师学习和培训的机会，加强专业知识储备，强化实践教学能力。高校要重点扶持专职指导教师的相关培训项目，强化知识储备，提升实践水平，提高教学能力，使专职指导教师具备较高水平的实践教学能力。第二，将专职指导教师的科研工作与思政课实践教学工作相结合，产学研相结合，实现互利共赢。高校要对思政课实践教学专职指导教师科研项目的申报和开展给予更多的政策保障和政策倾斜，重点扶持科研团队开展研究工作，提高思政课实践教学研究的深度和广度，推动从理论设计层面向实际操作层面的转换，促进二者实现共同发展。第三，将专职指导教师的实践教学工作与年度考核、职称评定等相结合，激励教师努力工作，激发教师的教学积极性。高校要提高专职指导教师对这一课程教学工作的重视程度，鼓励教师对实践教学开展深入研究和探讨，为高校思政课实践教学的发展和进步提供专业的师资队伍和切实的人才保障。

（二）整合兼职指导教师

高校思政课实践教学的运行由教师教育、学生自我教育和社会协同教育等多个部分交叉构成，具有多样性和系统性的特点，因此，学生对教师类型也有着丰富多样的需求。学生的实践活动常常在学校以外的地方开展，学校专职指导教师的指导难以满足学生的需要，易导致教师指导中断的现象。由此可见，绝大部分学生希望能够在实践过程中得到来自兼职教师的指导。因此，这一课程不仅要重视专职教师的队伍建设，而且也要注重挖掘兼职指导教师，推动两种不同类型的教师相互合作，协调开展实践教学工作，打通这一课程教学运行过程的最后一公里，实现全员育人和全过程育人，推动这一课程不断完善和发展。

兼职指导教师的评选标准可以相对放低，若具备较高的思想政治素质和实践教学能力，就可以考虑发展成为思政课实践教学兼职指导教师。具体说来，兼职指导教师的评选要满足下面几个要求：在思想上，具有坚定的政治立场，拥护中国共产党领导，具备良好的道德品质和政治素养，是马克思主义的信仰者和传播者，这是评选兼职教师的首要条件。在能力上，具有一定的专业知识储备、实践能力和教学水平，能够较好地胜任这一课程的教学工作，指导学生的实践活动，这是兼职教师评选的关键性条件。只有具备一定的专业水平，才能与专职教师团结协作，合力完成这一课程的教学工作。同时，兼职指导教师也要考虑将兼职指导教师纳入学校专门的管理和评价工作中，从物质层面切实提高教师待遇，如奖品、奖金等；也要辅之以荣誉称号、证书等精神方面的奖励，才能在一定程度上激发兼职教师的教学热情，取得更好的教学效果。

主要从学校和社会两个层面选择兼职指导教师。在学校层面，专业课教师和辅导员与学生的相处时间相对较长，在指导学生开展实践活动时具有独有的优势，是兼职指导教师的有力候选群体。辅导员的学生管理工作、专业课教师的专业教学工作与思政课实践教学工作相结合，共同践行课程思政的教育理念，实现共同发展，取得更好的实践育人效果。同时，学校教务处、学生工作部、校团委等学校职能部门也是涉及学生学习、管理和发展的重要部门，与学生的接触也较为密切，可以充分挖掘学校职能部门工作人员的协同育人力量，让其担任兼职指导教师，有力地解决有限的专职指导教师数量与庞大学生群体不相适应的问题，解决这一课程师资力量不足的问题。在社会层面，政府、企事业单位、社区的工作人员、社区群众以及实践教学基地的工作人员，是学生开展实践活动过程中接触较多的群体，也是遴选和整合优秀的兼职指导教师的有力群体。壮大兼职指导教师队伍可以在很大程度上缓解专职教师不足的压力，解决专职指导教师工作压力大的问题，进一步提升实践育人效果。同时，也对推动学生掌握实践技能、增强实践经验、将理论应用于实践起到重要的指导作用。

（三）配强网络技术人员

网络技术人员是保证实践教学网络平台和虚拟实践教学基地平稳运行的前提和基础，是保障思政课实践教学实现常态化运行和持续性发展的必要条件。网络技术人员对于维护和管理教学网络平台，拓宽教学网络平台功能，更新教学网络平台资料等具有重要作用。同时，虚拟实践教学基地的管理和维护、更新和创新都需要网络技术人员的支持。因此，网络技术人员在提供规范高效的信息技术服务的同时，也要具备扎实的专业知识和较高的技能水平。

在网络技术人员的配备上，高校要适当提高选人用人门槛，要充分重视专业技能知识和业务能力水平，配备专业能力强、技能水平高的技术人才队伍。在网络技术人员的管理上，高校要强化对其工作过程的管理和监督，使其帮助教师和学生及时解决和处理教学网络平台的技术问题，提高教学质量和效率。技术人员要制定科学有效的网络教学平台突发事件的应急预案，避免技术故障和黑客攻击等问题导致思政课实践教学运行不畅通。高校要加强网络技术人员的技能培训，增加与其他同行的交流学习机会，学习优秀经验，促进网络平台的创新和虚拟实践基地的优化。同时，高校要加强网络技术人员对实践教学指导教师以及学生开展应用技能培训，指导其熟练操作和科学运用网络教学平台和虚拟实践教学基地，利用网络平台的优势，切实提高这一课程的运行效率。

四、基地保障

大学生因场所和交通等客观因素的制约，使得实践活动的开展具有一定的困难，因此容易导致实践过程流于形式、敷衍应付的情况，不利于学生实践活动的开展。实践教学基地给大学生开展实践活动提供相对稳定和完备的实践活动场所，有力地解决了校外客观条件制约的问题，是这一课程重要的校内教学平台，也是拓宽学生实践渠道的有效方法，对推动这一课程的发展具有重要作用。实践教学基地在空间分布上具有一定的差异性，因此实践教学基地类型丰富，具体来说主要有校内实践教学基地、校外实训实践基地和虚拟实践教学基地这三种类型。

（一）校内实践教学基地

在开展各项实践教学活动的过程中，实践活动的顺利开展离不开教学基地的支持。为了确保实践教学能够更加合理化、规范化，必须选择符合自身发展需求的教学基地。首先，对于各大高等院校而言，其应当先确认人才培养的具体要求及目标，再结合实际情况对教学内容进行有效的安排，还要根据学校的实际条件及学生的个人需求等，确保教学活动能够与教学目的相符，建立稳定规范、设施健全、形式多样的教学基地。其次，对于各大高等院校而言，其要利用各种社会资源、企业单位和事业单位的力量，对相关的人才进行培养，以互惠双赢、合作共建、资源共享为主要的原则，使相关单位所面临的压力能够得到有效缓解，使学生得到锻炼的同时推动企业发展。最后，对于相关的企业而言，其应当通过多种方式提升社会责任感，改变传统的用人观念，结合自身的发展状况，制定出合理有效的管理机制，并且以合理的方式鼓励更多的大学生参与相关实践，从而使大学生通过企业提供的相关平台得到能力的提升。

（二）校外实训实践基地

高校要积极依托基层社区、农村、企事业单位、技术开发区和其他形式多样的教育场所等，不断拓宽学生的实践平台，整合实践教学资源，设立丰富多样的实践基地。高校要在实践活动场所上使校内与校外相互补充，有效拓宽思政课的教学场所。校外实训实践基地让大学生在社会环境中练就过硬本领，培养良好的思想道德素质，是学校开展这一课程教学的重要场所。具体说来，校外实训实践基地主要有德育型校外实践基地、如挂职锻炼型校外实践基地、服务型校外实践基地这三种类型。

1. 德育型校外实践基地

思政课实践教学具有较强的思想特征和政治属性，加之德育型校外实践基地教学内容与思想政治理论课的课程内容高度契合，因而，这是高校开展这一课程教学首选的基地类型，应当予以重点建设和开发。德育型校外实践基地所涉及的内容主要有道德、爱国主义、法制等教育内容。高校要整合实践教学资源，充分挖掘和运用好全国道德模范、身边优秀道德楷模的道德事迹，通过德育型校外实践基地这一平台向学生传达道德品质的重要作用，熏陶学生的道德情操，培育学生的思想品德。高校也要依托革命纪念馆、革命家故居、烈士陵园和反映国家革命、建设和改革的展览馆等，创立围绕爱国主义内容的实践教学基地。在开展实践活动的过程中，高校要引导学生学习国家历史、培养民族精神，增强情感认同，做到铭记历史、开拓未来。同时，高校要依托所在地区的公安机关和监察机关等职能部门，开展法律知识宣传和法制教育活动，增强学生的法律意识。通过参加法制讲座、观看法制纪录片、调查法制实施现状等实践活动形式，教师要教导学生遵纪守法，遵守社会规范，成为学法、懂法、用法的新时代青年，为构建法治国家和法治政府奉献一份绵薄之力。

2. 挂职锻炼型校外实践基地

新时代大学生既要具有优良的道德情操，有着正确的是非观念，也要具备过硬的本领，能够担当时代复兴大任。由此，这一课程的具体实施部门要依托政府部门和社会团体等，综合考虑学生和社会的发展需要，在城市社区或农村地区开展挂职锻炼类型的社会实践活动，让学生成长为国家和人民需要的社会主义新青年。同时，大学生深入社会开展实践活动时，要注重提高自身的实践能力和综合素质，以更好地适应社会并服务社会。

3. 服务型校外实践基地

新时代大学生是未来推动国家建设和发展的主力军，不仅自身要具备优良品格和扎实的本领，更要为人民幸福和社会进步奉献力量。高校要鼓励学生勇于到农村和城市基层中去，依托村委、社区、民政部门和社会福利团体等，为学生进行实践创造良好的服务型的实践教学基地，拓宽这一课程的实践教学平台。一方面，通过三下乡社会实践活动等传统实践项目，学校组织学生深入脱贫攻坚战的一线，将文化、科技、卫生带到偏远贫困地区，用全身所学开展义工活动、志愿服务等形式多样的实践活动，为国家建设奉献力所能及的力量。高校与当地建立常态化的服务型实践教学基地，推动这一课程的实践教学基地实现长效发展。另一方面，新时代大学生要积极主动地响应国家号召，承担起时代赋予的责任，积极开展一系列的新时代社会实践活动，如百万师生重走复兴之路等。高校要加快创新创业步伐，深入推进实践教学改革，构建一批党委、政府、社会和高校多个育人主体共同参与、相互协同的示范基地。这些教学基地更好地推动实践教学基地常态化和规范化发展，助力实现良好的实践教学效果。

（三）虚拟实践教学基地

在我国，学生大多在思政课教师的指导下在现实的社会环境中开展实践活动，推动理论学习与实践活动相结合。但是，由于实践教学资源不足、社会力量支持力度不够、实践活动经费不足、学生覆盖面不广、学生管理有难度等问题，容易导致实践教学效果不理想。然而，虚拟实践教学基地打破了大学生开展实践活动的空间限制，可以充分利用不同地域多样化的网络虚拟资源，可以有效地解决了这些问题。虚拟实践教学基地与现实教学环境最明显的区别是虚拟性，利用图片、视频、动画、网页等形式构建虚拟的实践活动环境，让学生在虚拟实践教学基地中拥有与现实环境相类似的实践体验，从而达到实践教学的目的。虚拟实践教学基地源于实践教学并服务于实践教学，因此具有教学性。

基地的设计不能仅仅是简单的拼凑，要围绕教学内容和目标进行有针对性的设计，更好地体现基地的教学功能。虚拟实践教学基地运用图片处理、视频剪辑、三维模型设计等多种技术，构建不同类型的虚拟实践教学基地模式，具体说来主要有研究型、体验型、播放型等模式。研究型虚拟实践教学基地主要通过专题网站的形式呈现，构建专门的专题网站或是与现有网站相结合，利用网络资源开展实践活动。例如，中国大学生在线这一专门的学生网络平台与新浪网等社交网站进行合作，举行摄影比赛等，为学生进行实践创造良好的平台。这一实践教学基地将教学专题网站与传统媒体结合起来，拓宽了学生实践活动的渠道，为学生开展实践活动提供互动交流和展示的平台，创新实践教学形式。体验型虚拟实践教学基地主要是利用虚拟现实技术，构建虚拟场景模型，打造出逼真的现实环境和实践环境，让学生置身于虚拟场景中，仿佛身临实践活动的真实现场，突破地域限制，使学生具有沉浸感，如同进入真实的世界。播放型虚拟实践教学基地通过采用全媒体的方式对学生予以展示。例如，播放关于国家的发展历程的纪录片进行爱国主义教育，展示优秀道德模范事迹开展道德品质教育，展示中华民族的发展和演进开展传统文化教育，等等。

新时代大学生是网络时代的"原住民"，其生活、学习和工作方式与网络息息相关。因此，虚拟网络应用在这一课程的教学中，呈现虚实结合的教学模式，不仅符合时代发展需要，也满足新时代大学生的个性特征，是实现教学创新的有力举措，有利于这一课程实现创新性发展。

第七章 高校思政课教学考核改革

考核作为一种特殊的教学互动环节，对教师"教"与学生"学"具有独特的导向、调节和激励作用。本章分为高校思政课理论教学考核改革和高校思政课实践教学考核改革两部分。

第一节 高校思政课理论教学考核改革

一、改革思政课理论教学考核方式的必要性

（一）促进大学生全面发展的需要

当前，我国高校思政课理论教学改革正处于全面推进阶段，而在推动思政课理论教学考核方式改革的过程中，大学生则是最大的受益者。首先，能够帮助大学生明确自己的发展方向。在实践中，通过改革高校思政课理论教学考核方式，不仅能够使大学生清醒地看到自己的学习成绩和收获，认清自身的不足和今后需要改进的地方，而且能够使大学生主动与思政课教师进行交流，在学习上付出更多的努力。其次，能够激发大学生学习的内生动力。通过改革高校思政课理论教学考核方式，对大学生进行全方位、多角度的考核，能够使其学习情况得到客观公正的评价，进而激发他们学习的积极主动性。

（二）提升高校思政课理论教学实效的需要

高校思政课理论教学在帮助大学生树立正确的"世界观""人生观""价值观"，培养正确的意识形态，形成马克思主义立场、观点和方法方面发挥至关重要的作用。就人才培养而言，思政课与高校的其他各门课程相向而行，共同促进

高校学生思想政治道德素养与专业职业技能等各项能力的协调发展。构建符合高校人才培养以及高校思政课理论教学特殊性的考评模式，对提升高校思政课理论教学实效至关重要。一方面，教师会根据考评要求进行教学改革，通过更有效的方式、更多样化的平台促进学生回归课堂，使其主动参与课程学习，在教师的引导下逐渐学会发现问题、分析问题和思考问题，逐渐提升学习能力和综合素养；另一方面，教师能够通过分析考评结果，及时获得反馈信息，矫正偏差，补足短板，强化优势，从而高质量保障思政课理论教学目标的实现。

（三）促进高校教师履行教书育人职责的需要

首先，通过改革高校思政课理论教学考核方式，有助于及时反馈教学活动的实际成效，增强教师的责任意识，使他们及时了解学生的思想和学习状况，从而有针对性地调整教学计划、创新教学内容、改进教学方法，进而激发学生学习的兴趣，最终达到提高教学质量的目的。

其次，进行高校思政课理论教学考核方式改革，一方面有利于提高思想政治教育的效果，更好地实现立德树人的目标，另一方面有利于丰富教师的知识储备，提高他们的创新思维能力和教学水平，从而使其更好地履行教书育人的职责。

（四）推动我国高等教育内涵式发展的需要

高校在改革思政课理论教学考核方式时，在以人为本教育理念的指导下，根据课程教学目标构建多元、综合、复合型的考核体系，能够扎实推动思政课理论教学考核方式改革向纵深发展，进而推动我国高等教育内涵式发展。实践也充分证明，改革高校思政课理论教学考核方式，不仅能够有效评估教育质量，达到以考促教、以考促学的目的，而且有利于及时总结教育经验，更好地完成立德树人的使命。

（五）检验立德树人任务成效的基本方法

立德树人是学校教育的根本任务，思政课理论教学课程又是立德树人的关键课程。因此，思政课理论教学的考核过程理应成为对该门课程立德树人效果的检验过程，是检验思政课理论教学立德树人任务成效的基本方法。

立德是中华优秀传统文化的重要价值追求，是"三不朽"之首，其达成难度之大可想而知。立德不易的原因在于：其一，个体的立德是持续性过程，伴随个体整个生命历程。其二，家庭、学校、社会对个体立德都会产生重要影响，当三者存在冲突时，会对立德效果产生较大负面影响。其三，立德是个体社会化的过程，既要内修更要外治。立德不易就更需要科学有效的检验手段。

大学生是已经步入成年，但又未完全融入社会的特殊群体，他们的立德状况受学校因素影响更为明显。大学生已经有了比较强的独立意识和分析思考能力，随着对父母的依赖性大幅降低，置身大学集体生活中，他们在尝试独自做出选择和决定的同时，也更容易受到学校、教师、同学的影响。因此，相对于家庭和社会，高校在立德树人方面承担着更重大的责任。这也要求高校更加重视思政课建设，切实发挥思政课立德树人的作用。重视完善思政课理论教学考核，不断增强思政课理论教学考核的科学性和合理性是思政课建设的重要方面。

立德树人要求高、难度大，不是简简单单就能完成的任务。要高质量完成立德树人的根本任务，就必须不断完善高校思政课理论教学考核方式。思政课理论教学考核同检验立德树人任务成效之间是辩证统一的关系，思政课理论教学考核过程也是立德树人的过程，立德树人的任务目标决定思政课理论教学考核标准的设置，思政课理论教学考核结论反映立德树人任务目标的成效。因此，思政课理论教学考核必须坚持实事求是，一切从实际出发，通过客观公正、科学合理的思政课理论教学考核设置，最终得出令人信服的结论。

二、高校思政课理论教学考核方式存在的问题

课程考核方式是课堂教学活动的"指挥棒"，考核方式的科学与否直接关系到高校思政课理论教学的效果。当前，我国高校思政课理论教学考核方式还存在诸多不足之处，导致其作用不能得以充分发挥，这也成为制约高校思政课理论教学创新发展的主要瓶颈，并在一定程度上影响了高校思政课理论教学目标的实现。

（一）考核方式与教学目标之间存在矛盾

高校思政课理论教学旨在培养大学生的爱国主义精神，让他们真正认同中国特色社会主义制度，在实践中培育社会主义核心价值观。然而，当前我国高校思政课理论教学考核方式比较单一，考核效果不佳，主要表现为现今高校思政课理论教学考核仍然以传统的纸质版闭卷考试为基本方式。这种传统的应试教育考核方式容易导致大学生"知行脱节"，不仅难以准确反映当代大学生的思想状况，而且也难以准确反映当前我国高校思政课理论教学的真实状况，从而在一定程度上影响了思政课理论教学目标的实现。换言之，传统的高校思政课理论教学考核

方式与教学目标之间存在矛盾，在一定程度上影响了高校思政课理论教学改革的步伐。

（二）考核内容与教学内容之间存在矛盾

高校思政课理论教学具有很强的政治性、思想性、价值性、实践性、学术性和专业性，其考核内容应当具备灵活性、即时性和社会性等特点。在高校思政课理论教学过程中，如果教师只是单纯地讲授教材内容，则不利于学生在思考过程中做到与思政知识的有效衔接，而如果教师的讲授内容脱离了当前思政课理论教学大纲的要求，则极易导致学生所学到的内容偏离我国社会发展所要求的方向。上述这些现象如果任其发展，就会导致高校思政课理论教学考核所包含的实际内容与教师在课堂上所讲授的内容之间出现矛盾，让学生有时会产生误解，"学过的内容不考，考的内容却没有学"，长此下去极易挫伤他们学习的积极性和主动性。

（三）考核方式与学生诉求之间存在矛盾

目前，我国高校思政课理论教学的考核方式受传统应试教育的影响，存在着考核目标狭隘、考试手段目的化等不足，忽视了当代大学生的自身诉求，降低了他们学习的积极性。如有些学生学习思政课程主要是为了应付考试，而不是为了开阔视野、丰富知识储备、坚定理想信念，从而在一定程度上削弱了课程考核的作用。此外，课程考核方式缺乏科学性。考核方式一般是由思政课教师统一出题进行闭卷考试，在对学生进行考核时往往由教师一个人开展，考核过程有时成了教师的"独角戏"，而思政课所涉及的其他主体缺乏参与性，具体的考核标准也缺乏可操作性，因此很难确保课程考核结果的准确性和真实性。此外，还有一些大学生存在功利化倾向，往往只重视专业课的学习，却忽视了思政理论课的学习，从而造成了专业课与思政课之间的相互分离。

（四）考核方式与培养目标之间存在矛盾

高校思政课理论教学的目标是督促大学生从集体角度和政治角度思考个人与国家的关系，教育引导大学生树立共产主义远大理想和中国特色社会主义共同理想，使自己的理想信念与中国特色社会主义发展要求保持一致，在现实生活中不断提高自身的道德修养，并将社会主义核心价值观落实到具体的行动中。然而，当前我国高校思政课理论教学考核主要通过闭卷考试的形式来进行，而对大学生日常学习和表现的考核在整个考核体系中往往只起着辅助作用。这种考核方式存在很大的局限性，在很大程度上只能反映应试者的记忆能力，即只能反映大学生对思政知识的记忆程度，而不能准确反映出他们运用思政知识分析问题、解决问题的综合能力。可见，我国高校思政课理论教学考核方式与培养目标之间存在着一定的矛盾，如单纯的理论考核成绩不能完全代表学生的思想道德水平，不利于把大学生培养成"四有新人"这一目标的实现。

三、高校思政课理论教学考核方式改革的策略

（一）创新考核评价方式

科学、全面、客观地反映学生思政课实践教学学习的效果，通过思政课教师、学生以及其他相关职能部门或教师对学生的学习情况进行全过程和全面考核，具体实施如下。其一，思政课教师进行考核评价，占总评成绩的50%。该项考核主要围绕课堂教学，对学生进行知识性考核与平时成绩考核，两项权重各占50%。知识性考核主要是通过期终考试的答题情况评价学生对该课程基本理论知识的掌握以及运用理论思考、分析实际问题的能力，平时成绩考核主要是评价学生遵守纪律、课堂参与、作业完成的情况以及在课内实践过程中的创新能力、团队协作能力等。其二，学生自主进行考核评价，占总评成绩的20%。该项考核先由学生进行自我评价，再由辅导员参与的班级考评小组和所在院部进行审议评价，主要评价学生在课堂以外的日常实际表现，如宿舍内务、人际关系、参与学校和班团活动等的情况。其三，学校主管职能部门进行考核评价，占总评成绩的20%。该项考核主要针对学生在思想政治知识学习、遵守校纪校规、积极参与各种社团活动和志愿者活动、规范使用网络、生态环境保护意识、继承和发扬民族优秀传统文化意识等方面的情况，具体由学生所在学院党支部、图文信息中心、教务部门、学工部门以及学生后勤管理部门进行考核评价。其四，专业见习或实习教师考核评价，占总评成绩的10%。该项考核由带队教师、指导教师以及相对应的企业相关人员对学生的工作态度、职业精神、职业道德、创新意识、团队协作能力等方面进行评价。

（二）制定多元化考核目标

高校思政课理论教学是对大学生进行思想政治教育的主渠道，其目标应当以大学生的全面发展为根本。这就要求高校教师必须转变传统的应试教育观念，如由主要考查学生对知识的记忆能力转变为重点考查学生对知识的理解、内化及转

化的能力。基于高校思政课理论教学考核方式改革所坚持的基本原则，高校思政课理论教学应当制定多元化的考核目标，具体包括以下几个方面。

第一，大学生的思想意识、道德品质、政治素养发展水平。随着社会的发展和时代的变迁，大学生所处的环境变得日益复杂，他们的思想意识、价值观念等必然会受到影响，因此，高校思政课理论教学肩负着引导大学生的思想意识、提高他们的道德水平和政治素养的重任，这也决定了应当将这些要素纳入考核内容中。

第二，大学生运用思政理论知识分析社会问题的能力。相对于专业课而言，高校思政课的理论性很强，大学生学习了思政课之后能否运用这些理论知识思考和分析社会现实问题，在很大程度上反映出他们的学习效果及对相关知识的掌握情况。可见，我们需要将大学生对社会现实问题的认知情况纳入考核范畴中。

第三，大学生对思政理论知识的实践运用能力。思想是行动的先导，大学生接受思想政治教育之后必然会使自身思想意识受到影响，并将这种影响体现在自己的实际行动中。为此，高校思政课理论教学考核目标还应当包括大学生在解决实际问题的过程中有较强的运用思政理论知识的能力。

（三）实现考核主体的多元化

高校思政课理论教学传统的考核方式较为固定，一般是由任课教师以笔试的方式进行，并辅之以平时的考核，然后由该教师一个人进行评定，最终给学生评定出一个综合成绩。这种形式的考核由于只有任课教师一个主体，主观性影响较大，加上其不可能对所教授的所有学生都完全了解，因此，这种传统的考核方式在公平公正方面还存在一定的欠缺。要改变这种状况，高校可以在思政课理论教学考核过程中将其他主体融入进来，实现考核主体的多元化，确保考核的全面性和科学化。尤其是在对大学生的日常学习情况和行为进行量化考核时，更是应当采用多元化主体参与的考核方式，具体可以从以下三个方面来实施。第一，学生自评与他人评价相结合。这种评价方式既能发挥学生的主动性和积极性，又能最大限度地保证评价的客观性、真实性和公正性。这里的他人既可以是高校思政课教师，也可以是学生所在学习小组的组长，还可以是学习小组的其他同学。第二，学生辅导员评价与班委会评价相结合。这种评价方式是将大学生日常行为准则作为衡量标准来评价大学生的日常学习情况和行为，并进行量化考核。第三，在评价的基础上引导学生加强自我教育。高校可通过学生自评以及其他各种评价，让学生发现自身存在的问题，并引导他们制订改进方案和计划，从而促进他们提高自学能力、加强自我教育，进而提高他们的思想政治素质。

（四）积极推进过程考核

过程考核属于综合考核的一种方法，能够更加全面、客观地评价大学生的马克思主义理论素养和道德品质，是非常符合素质教育要求的考核方法。但同时，过程考核的难度也是最大的，如果没有科学合理的规划，过程考核很容易流于形式而失去考核价值。

1. 在学习方面

高校通过考查学生课堂和课后学习过程，根据学生在制订学习计划、听讲态度、学习自觉性等方面的表现，对学生做出评价。通过学习过程考核，让学生重视和养成自律、勤勉、严谨、认真等优良习惯并进一步增强大学生自主学习的行动力。一个确立了马克思主义信仰，立志报效祖国、服务人民的大学生，必然高度重视学习。相反，学习上不思进取、懈怠放纵自己的大学生，其思想政治素质也很难达到思想政治教育的目标。

2. 在日常生活方面

在日常生活方面重点考查学生在遵守校规校纪、遵守公德、理性消费等方面的状况。遵守校规校纪是大学生品行合格的基本要求，考查大学生遵守校规校纪情况有利于强化大学生的规则意识。遵守公德指遵守文明礼貌、乐于助人、爱护公物、保护环境等公德规范。遵守公德是每个社会成员都应当自觉做到的，体现的是公民最起码的道德素养。消费是满足人们物质文化需求的重要途径，消费过程中能够一定程度上反映大学生的世界观、人生观和价值观。理性消费要求大学生在消费过程中从自身条件出发适度消费，坚持绿色低碳消费、养成节约节俭的习惯，拒绝盲目攀比、奢侈浪费。推动以上各方面的过程考核，有利于进一步促进高校思想政治理论课教育教学内容在生活实践中的落实。

3. 在同学关系方面

考查学生在集体生活中如何处理集体利益和个人利益，能否做到支持、关心、帮助同学和能否宽容、诚信、友善地对待同学等。一个人的德性如何，在集体生活的对比中更容易得以体现。

过程考核的考核环节比较多，思政课教师完成考核需要多方面的配合。一是思政课教师负有总的考核责任，同时负责学习态度方面的直接考核。思政课教师可以根据学生的课堂表现做出相应评价，同时为提高评价结果的准确性还可以与部分专业课教师合作，即以选定的专业课教师提供的学生在专业课课堂的表现作为评价依据。二是日常生活方面的考核难度较大，为保证考核结果的真实性，必须坚持多样化考核。对于遵守校规校纪的考核，需要院系学生管理部门提供特定学期违规违纪的学生名单及事由，思政课教师据此进行考核和酌情打分。遵守公德的考核可以实行累计加分制度，根据学生平时主动申报的情况，教师在期末按累计加分。理性消费考核可以让学生自查是否存在攀比消费、借贷消费、奢侈消费、浪费现象等情况，并以此来引导学生树立正确的消费观。三是同学关系考核可以要求每个学生在期末填写同学关系考核表。具体考核项目可以包括主动维护集体利益、支持关心帮助同学、诚信友善宽容对待同学等。为避免学生弄虚作假，在操作层面可以安排班委会负责管理班级日志，做好记录，每周公布相关记录情况，并请同学相互监督。

（五）构建复合型考核体系

高校思政课理论教学的根本目标是让大学生掌握马克思主义基本理论，培养爱国主义情怀，增强集体主义观念，并树立正确的世界观、人生观和价值观。因此，高校必须从当代大学生的实际出发，建立理论与实践相结合、知行合一、复合型的思政课理论教学考核体系，该体系应当包括以下两个部分：第一，对理论知识的考核。这部分主要考查学生对思政课基本理论知识的掌握情况，可以采用闭卷、开卷、小论文等形式进行。第二，对日常行为的考核。这部分主要考查学生的作业、出勤、纪律及日常行为规范等。高校应当从学生入学开始就对他们的日常行为表现进行考查，并记录在册，每个学期期末进行量化评分。在思政课理论教学考核过程中，主要是由辅导员或班主任来实施，既要对学生的行为进行考评，又要引导他们调整学习计划、规范日常行为。

第二节　高校思政课实践教学考核改革

一、改革思政课实践教学考核方式的必要性

实践教学考核体系是教师开展实践教学活动、进行考核评价的重要依据。科学合理的考核体系能够规范教学、督促教师进一步改进教学方式；更有利于激发学生对实践活动的学习兴趣，切实实现实践教学环节的教学目标。

（一）有利于调动师生的积极性

科学合理的考核体系，不仅仅可以对学生的最终学习成果进行评价，也可以对学生在实践教学过程中所表现出来的态度、能力、政治涵养进行评价。全过程的评价、公正公平的评价更能激发学生参与实践学习的兴趣，更能使学生积极规范完成实践教学任务。同时，教师的实践教学有了更为具体规范的要求和标准，实践教学工作能够得到准确公正的评价和充分的肯定。因此，建立科学合理的实践教学考核体系，能够增强师生的获得感，充分地调动他们开展实践教学活动的积极性。

（二）有利于规范化管理实践教学活动

规范化管理实践教学是提升思政课教学效果的必然途径，全面客观地对实践情况进行评价可以有效监督实践教学开展和落实的情况，定期检查教师实践教学开展实施情况；可以全程跟踪学生的实践情况，在此基础上依据具体考核标准合理公正地对学生进行实践教学环节评价，从而提高思政课实践教学的效果。此外，也能够为教师的教学提供现实依据，使教师能够依据学生的发展需要去开展具有现实意义的实践教学活动，从而有效提高思政课实践教学的质量。

（三）有利于对实践教学进行有效指导

建立科学合理的思政课实践教学考核体系，使实践教学的开展有了明确的方向和具体的标准，减少了实践教学的盲目性，同时有利于教师在实践教学中发挥更大的作用。在实践教学中，时常出现不同教师标准不同、侧重的教学方向不同的情况，学生在实践教学中所学习到的内容容易出现偏差。建立科学合理的评价考核体系，能有效规避这种情况的发生。考核有了具体的系统的内容，考核标准有了明确科学的指标，教师在实践教学中才能够更好地发挥自己的创造性，创新实践教学内容，采取多样的实践教学方式，寓教于乐，激发学生学习的积极性、主动性与创造性，做到理论联系实际，切实提升思政课实践教学的教学效果。

二、高校思政课实践教学考核存在的问题

（一）实践考核形式化问题严重

思政课的实践考核一般是按教师的要求在校外或校内进行相关实践活动，学

生可组成若干实践小组，以小组为单位按教师的要求完成实践作业，再以实践报告、调研报告、影音作品等形式将实践成果提交给任课教师，由教师给出最终评价。

实践考核存在较严重的形式化问题需要进一步解决。第一，实践作业总体质量不高。首先学生理论联系实际的能力不强。实践过后，很多学生无法从理论的高度来分析和总结，实践的收获有限。其次学生的创新思维能力有待提升。在部分对策性的实践作业中，能明显感受到学生提出的解决问题的对策缺少创新，基本属于人云亦云，不具有建设性和可操作性。实践作业价值不高，实践考核流于形式。最后学生的实践作业存在抄袭剽窃的现象。抄袭或变相抄袭折射出大学生投机取巧、强功利色彩的学风和诚信品质弱化、诚信品质培养效果不佳等问题。第二，实践小组成员在分工合作方面还需要进一步加强。划分实践小组有利于学生增强合作意识，养成团队精神，为将来走向社会奠定一定的基础。但在具体的实践活动中，有些学生偷懒造假、滥竽充数，不能积极主动完成自己的小组分工。第三，实践考核范围拓展不够。除了思政课教师组织的校内外实践活动之外，大学生还有机会参加学校、院系、学生社团组织的各种支教、扶贫、献爱心等活动，也有大学生主动参加志愿者活动、义务献血活动或其他公益活动。这些实践活动也应该纳入学生的实践考核中来，作为教师给学生实践成绩的重要依据。第四，实践考核方式过于单一，不利于实践教学的推进。目前部分高校将实践考核成绩划分为合格和不合格两个档次。一般情况下，只要学生按时上交实践作业，成绩就能被判定为合格。如此宽松的评定方式导致学生对实践考核重视程度远远不够，实践考核的价值被弱化。

（二）实践考核评价体系的问题

1.考核评价目标定位不准确

高校根据经济社会发展需求，贯彻"工学结合"理念，培养具有一定职业能力与基本素质能力的高素质技能型人才。然而，当前高校的思政课实践教学考核大多仍以传统的考试为主，卷面成绩仍占据较大比重。众所周知，无论是线上考试，还是线下卷面考试，主要都是对知识目标的考核评价，缺乏对素质目标和实践能力目标的考核，因此，考核评价目标定位的不准确极易造成实践教学考试成绩与学生的综合素养实际水平不一致甚至极大反差的现象，从而导致高校思政课实践教学目标无法实现。

2.考核评价主体不全面

目前，高校思政课实践教学的考核评价主要是由任课教师独立完成的，这种由单一主体做出的考核评价存在较多弊端：从任课教师的角度来看，一方面，同一个教师所采用的评价方式往往会带有个人主观的喜好，并且至少在一段时间内基本是固定统一的，而学生为了通过考核甚至取得优异的成绩，必然会迎合教师的考核方式和考核标准，相应地就会收敛自己的行为，这对教师充分掌握学情、全面收集反馈信息、调整教学方式、提升教学实效极为不利；另一方面，目前高校思政课实践教学大多为合班开课，上课的人数较多，每次上课的时间有限，无法做到所有学生都能在课堂上充分表现，任课教师也无法做到精确掌握每个学生的学习情况，况且并不是所有的学生都善于或是愿意在课堂上主动地充分展现自我，因此，平时实践成绩必然带有一定的随机性和偶然性，无法充分反映学生的实际学习情况。从学生的角度来看，任课教师在授课过程中进行的考核评价关注的主要是学生的课内表现，很难关注学生课堂以外的表现，容易忽略学生的个性化成长过程，因此无法客观全面地进行考核评价。

3.考核评价内容不够全面

思政课的实践教学具有其学科的特殊性，与其他学科的考核评价有一定的区别。思政课的考核评价内容不应仅仅包括对理论知识掌握情况的评价，还应该包括对知识能力、专业技能、道德水平和个人修养的评价。但是在最终考核中往往只依据实践报告进行评分，既没有对实践教学进行总结，也没有对学生提交的实践教学成果进行分布。这样的考核内容难以全面体现学生在实践教学中的实际收获，片面地考核既不能察觉学生能力及素养的变化，也不能全面掌握学生的思想状况变化。

4.考核评价方法偏重于结果，忽视过程

思政课实践教学的教学形式丰富多样，有课堂实践教学活动，如课上情景剧表演；有校园文化活动，如校园禁毒宣传、普法宣传活动等；有参观学习，如参观烈士陵园和红色文化景点。实践教学强调的是实践，强调学生在实践之中获得知识提升自我，其学习性质要求我们在对学生进行考核时，需要充分考虑实践教学的特殊性。但是，目前在大多数高校的实践考核体系中，高校对学生进行实践教学的考核评价时，考查的重点仍然是学生撰写的实践报告，将实践报告等同于学生在整个实践活动的全部收获。这就会导致仅注重结果，而忽视了对学生在实践中处理问题能力的提高及道德素养的提升等方面的系统考核。这种评价方

式不足以客观公正地反映学生真实的学习状况，难以成为判断学生在教学实践活动收获的依据。这就导致了一些学生在实践过程中不够认真，简单应付，而将学习重心都放在了撰写实践报告上。忽视过程的结论性评价既不利于实践教学质量的提高，也不利于通过社会实践活动培养锻炼学生的实践能力，提升学生的道德修养。

5. 考核评价缺乏激励机制

引导大学生在实践教学活动中理论联系实际，正确地认识自己的使命和担当，提高大学生的知识专业技能和创新能力，使思想道德素养内化为大学生自身的一部分，充分发挥大学生的积极性和主动性，这就需要在实践课中形成激励机制。缺乏相应的鼓舞和激励，抑制了师生在教学中的积极性和创造性，会使得实践教学仅成为一种任务。

三、高校思政课实践教学考核改革的策略

（一）明确课程考评目标

高校要创新实践教学方式，不断增强思政课的思想性、理论性和针对性，就要针对思政课实践教学考评工作积极构建完善的课程评价体系。各教学单位要明确人才培养目标，以提高人才培养能力为核心，做好思政课实践教学考核评价工作。要明晰考核评价评估内容、特点和关键环节，建立良好的工作机制，制订时间表，有组织、有计划地做好考核评价工作；要认真研究，厘清思路，群策群力，解决好"怎么干"的问题，集中智慧，积极投身到考核评价实践中。此外，相关院校也要进一步加强教学质量保障体系建设，将质量作为永恒的主题，高水平地完成考核评价评估工作。切实做到"以评促建，以评促改，以评促管，评建结合，重在建设"，推动思政课实践教学再上新台阶。

（二）完善相关考评方案

严格的考核评价是思政课实践教学效果提升的前提。长期以来，大多数高校没有把思政课实践教学考核纳入综合考评范畴中，这就要求我们进一步完善相关的考评方案，保证考评方案的可行性，要根据当前高校思政教育工作的实际指示和要求，对思政实践课程进行全方位的考核，保证考核评价的针对性和阶段性，细化考核目标。高校应针对思政实践课程考评制定相应的学分制，确定相关学科

思政课实践教学评价指标，做好不同思政课实践教学指标的权重划分等，保证考核能够反映思政课程的整体教学水平和质量。

（三）建立科学合理的考核评价体系

1. 纳入多元化考核评价主体

高校思政课实践教学实效的体现不仅仅局限于在课堂完成学习任务，更多的是在课堂以外探求理论知识、提升综合素质、培养实践能力。如宿舍集体生活、日常人际交往、社会实践以及专业课的见习实习等，都是思政课实践教学的重要延伸，而思政课任课教师是很难以一己之力精准掌握这些课堂以外的信息的，也很难准确评估学生的成长发展状况，进而导致学生的实际表现与课程成绩不符。因此，为实现思政课实践教学考核评价的全面客观，除了思政课任课教师作为评价主体，还要纳入其他相关的评价主体。其一，学生。通过学生的自我评价、学生之间的互相评价进行考核。其二，班主任或辅导员及学生工作部门。对学生在相关的规定性活动或自选性活动中的表现进行考核评价。其三，见习或实习指导教师。对学生在专业见习或实习中的具体素质及能力表现进行考核评价。通过多元评价主体对学生进行全面的考核评价，能够使思政课实践教学的考评更加"贴近学生、贴近生活、贴近实际"。

2. 坚持过程性评价和终结性评价相结合

思政课实践教学是一个动态发展的教学环节，完善的考核体系应当涵盖过程和结果，而传统的考核往往重结果轻过程，以"报告定结果"。因此，需要实现评价重心的转移，既重视结果，也不能忽略过程，以匡正传统思政课实践教学评价体系不合理的做法，使思政课实践教学考核评价更具科学性。过程性评价一般涉及学生在实践中表现出来的学习态度、参与实践教学的次数等。具体考评学生在实践活动中表现出来的分析问题、解决问题的能力，个人道德素养和思想政治涵养等方面。只有重视思政课实践教学的过程性评价，思政课实践教学评价才能真正发挥其诊断、激励的功能。同时，终结性评价在考核中也应该占有重要地位。终结性评价主要是指按预设的实践目标对实践成果做出总体性评价。二者相结合可以从广度和深度上对学生的实践进行全面评价。

3. 坚持定性评价与定量评价相结合

科学合理的考核评价体系需要制定规范合理的考核标准，依据学生的实践过程及实践成果进行定性和定量评价。对于学生的出勤率、态度表现、报告分析质量以及实践成效在总体的考核中进行量化考核，清楚每一板块考核所占权重，制定量化指标进行考核；同时，在定量评价的基础上进行定性评价才能得出最终的考核结论。通过对学生在整个实践环节中的表现与收获进行归纳分析，做出优、良、中、差等定性评价。定性评价与定量评价相结合，能够规范考核的标准体系，使得实践教学的评价更具客观性和全面性。

4. 建立多维立体激励机制

只有充分调动师生的积极性和创造性，思政课实践教学才能真正发挥实效。而想要激发师生的积极性和创造性，就需要在考核评价体系中引入多维立体激励机制。激励机制因地制宜，最基本的原则为奖优惩劣。对于组织引导能力突出、认真负责、教学效果好的教师，可以进行表彰和适当的奖励；对于敷衍了事、教学效果差的教师要提出批评。对于在思政课实践教学中表现突出、态度良好、成绩优秀的学生，可以进行表彰，将其实践成果予以宣传；对于学习态度差、懈怠了事的学生要进行批评。激励机制能够在一定程度上端正教师的教学态度与改变学生的学习方式。

第八章　高校思政课教师队伍建设

当前，高校思政课教师队伍存在教师专业素养、教学能力、主观能动性有待进一步提升的突出问题，高校应继续加强思政课教师队伍建设。本章分为高校思政课教师队伍建设的意义、高校思政课教师队伍建设的现状、高校思政课教师队伍建设的路径三部分。

第一节　高校思政课教师队伍建设的意义

一、新时代高校对思政课教师的要求

高校思政课教师不仅是党的路线方针政策的宣讲者，还是学生全面发展的组织者和引导者，肩负着播种信念、夯实信仰、塑造灵魂的重任。"政治要强、情怀要深、思维要新、视野要广、自律要严、人格要正"是习近平总书记对提高思政课教师素养提出的基本要求。新时代高校思政课教师要以这六项基本要求为引领，积极回应学生成长中的困惑与期待，讲好思政课，当好引路人，为国家培养担当民族复兴大任的合格人才。

（一）引导学生树立崇高理想

高校学生怀揣着对未来的美好愿景进入了高校，但入学后又发现现实与梦想存在差距，然而其自身自制力弱、学习自主性差，加之学习氛围不强，很难快速适应新的教学环境，极易产生消极的心理。随着时间的推移，部分学生逐渐随波逐流，失去了学习的上进心和自信心。针对这一现状，高校思政课教师要"强政治""深情怀"，用马克思主义真理的力量直面社会思潮、直击时代本质，充分

发挥思政课教师的主导性和先进性，坚持"以学生为本"，因材施教，分类指导，让学生触摸到真理的温度、感受到信仰的力量，帮助学生树立学习的自信心，使其在不断进步中坚定理想信念。

（二）引导学生提升道德素养

学生进入大学后，社会环境、自然环境均发生了变化，会有不同程度的不适应。高校的学生来自四面八方，不同的生活习惯给他们的学习、生活、交友带来一定的考验。"00 后"学生大多是独生子女，不善于顾及同伴的感受，极易引发矛盾。少数学生因其人际交往能力较差，性格孤僻不合群，容易出现自我封闭、被同学孤立的现象。此外，高校部分学生自律性较差，他们从教师和家长管控之下的高中生活转换到自由度相对增大的大学生活，往往容易放任自我，沉迷网络，疏于自律。因此，高校思政课教师还要"严自律""正人格"，以身为范，做学生思政教育最生动的教材，用高尚的人格感染学生，让学生在教师的言传身教中获得力量，逐步成长成才。

（三）引导学生规划未来

学生进入高校后，考虑最多的就是个人的职业发展问题，希望自己未来能在某一个专业领域有所突破。然而随着时代和市场环境的变化，我国就业形势越来越严峻，高校学生的就业压力不断增大，使他们对未来的发展感到迷茫。尤其是毕业班的学生，他们经历了实习阶段，与社会产生了一定的接触，对未来的发展也更为担忧，极易产生焦虑迷茫心理。

因此，高校思政课教师还要"新思维""广视野"，行守正创新之道，拓未来发展视野，充分借助思政课程的独特优势让学生认知到个人专业在当下社会环境中的优势与不足，引导学生针对社会需求努力做到取长补短、全面发展，增强学生对于未来职业发展的信心，努力成为担当民族复兴大任的合格人才。

二、高校思政课教师队伍建设的意义

（一）有助于提高高校思想政治教育的实效性

高校思想政治教育的核心目标在于为社会主义现代化建设以及中华民族的伟大复兴培养时代新人。现阶段，国际形势错综复杂，大国博弈和竞争日益激烈，各种思潮会对青年的成长产生深远的影响。在这种复杂的环境中，高校思政课教师需要引导学生更清晰地认知国际形势，以共产主义信仰武装头脑，增强当代大学生的民族自豪感和国家自豪感，进而坚定中国特色社会主义信念。在新时代高校思想政治理论发展过程中，培养"四有"新人始终是教育工作者的重要课题，而落实这一课题的关键在于培养兼具理论知识和实践经验的师资力量。高校应加强高校思政课教师团队的建设，改善思想政治教育的理念和方法，在课堂教学过程中引入更多信息技术手段，与时俱进，运用青年人喜闻乐见的方式实现思想政治教育的目标。通过高校思政课教师团队的建设，高校可以培养出一支创新能力、改革能力较强的教师团队，为培养社会主义现代化建设者和接班人提供师资保障。高校思政课教师可以充分利用时下的热点问题和主流问题，结合现代化的技术和手段对教育教学模式进行全方位的创新和改善，进而实现理论和实践的结合，激发在校大学生对思想政治教育的兴趣，进而改善思想政治教育的效果，增强大学生对思想政治教育的认同感，提升在校大学生的道路自信、理论自信、制度自信、文化自信，坚定大学生的社会主义信仰，并促使大学生将其转化为实际行动。

（二）有助于培养担当民族复兴大任的时代新人

根据党的十九大的要求，高校教育工作者应以培养担当民族复兴大任的时代新人为目标，这一论述明确了培养什么样的人、如何培养人以及为谁培养人的重要命题。只有有理想、有担当、有能力的青年一代才能担负民族复兴的大业，才能推动国家和民族的进步。在社会主义现代化建设的关键阶段，国家和民族对优秀人才的需求远超任何一个时代。对一个国家和民族而言，只有高度重视青少年的教育，才能在未来获得竞争力。大量实践表明，中华民族的复兴以及中国的发展水平在很大程度上取决于青年一代的理想高度。中国梦是全国各族人民的共同理想，也是青年一代应为之奋斗的目标。在时间维度上，当代青年一代的黄金阶段和我国"两个一百年"的发展目标高度契合，高校思政课教师有责任、有义务引导在校大学生认清自身的历史使命和时代责任，鼓励学生将有限的精力投入国家和民族的无限的事业当中，在实现个人理想的同时，为中华民族的伟大复兴提供更多助力，帮助学生成为时代的开拓者、奋进者。由此可见，高校思政课教师是我国社会主义现代化建设中的重要一环，对于实现中国梦具有重要作用。因此，加强高校思政课教师队伍建设有助于培养担当民族复兴大任的时代新人。

第二节 高校思政课教师队伍建设的现状

一、思想政治教育工作存在薄弱环节

（一）对高校思政课教师队伍建设不够重视

当前教育环境下，各高校主要将招生作为其财政收入的主要来源，再加上严峻的就业形势导致我国很多高校都秉持以就业为导向的办学理念。因而，各高校在设置一些重点课程时往往把人才市场的岗位需求作为其主要依据。高校领导对思政课的重视程度往往取决于思政课的实际教学效果。但一般来讲，思政课的教育效果具有明显的相对滞后性，在短时间内是很难体现出好的效果来的，由此就导致高校领导对思政课的重要性认识不足、重视不够、管理不到位等现象的发生。在某些高校领导看来，高校资源有限，与其耗费大量精力和财力去扶持思政课教师队伍的建设，不如将目光和教学资源放在对重点学科的培育上，提高学校的专业实力。正是由于这些认识上的偏差，高校在各项政策的制定和实施上都很难向思政课教师队伍建设倾斜，甚至基本的保障都不能兑现，由此也就引发了思政课教师数量不足、学历结构以及梯队结构不合理等一系列后续问题。

此外，正是由于以上种种的不重视，自然也导致高校领导对思政课教师队伍建设缺乏全面而系统的认识。众所周知，教师队伍建设是一项长期且艰巨的系统性工程，需要教育行政主管部门、各高校和思政课教师的多方通力配合与努力。但部分高校对高校思政课教师队伍建设这一重要任务缺乏全面、系统和长远的认识，由此导致了队伍建设中的队伍定位不清、目标不明确、经费得不到保障、业务水平难以提升等一系列问题。甚至有些高校对本校思政课教师队伍建设的一些基本情况都不了解，导致在具体的工作中无法根据自身的实际情况进行分析，从而无法提出符合本校实际的队伍建设发展措施，只能一味地照搬其他现成模式，这样不但无法形成自己的教学特色，而且还严重浪费了高校的资源。

现实中也有许多高校没有全面、系统地认识到思政课教师队伍建设的重要性，只是浮于表面地研究学习要如何重视思政课教师队伍建设以及措施和制度的制定，而无法落实到具体的实践当中去，各部门权责分配不清晰，一旦出现问题就互相推诿，导致的结果就是出现各种制度政策落实性差以及教师队伍管理不到

位等问题。这些情况的出现，不但制约了思想政治理论课教师在教学和科研工作上的发展，而且使其实际待遇和社会地位无法得到提升，以此阻碍了高校思政课教师队伍建设的发展。

（二）思想政治理论课教师教学科研任务繁重

高等教育逐渐大众化，使得在校大学生的人数不断增加，但思想政治理论课教师总体数量却并未随之发生较大变化。目前，高校思政课教师普遍存在教学工作繁重、科研压力较大等现实问题。由于学生数量庞大，并且教学课程总课时量过大，因此造成高校思想政治理论课教师出现数量不足，师生比例严重失调的现象。鉴于教师数量不足的问题，部分学校不得不采取一些极端的措施来缓解师资矛盾，比如加大思政课教师的工作量，通过扩大班级容量以采取大班授课的形式来开展教学工作。每个课堂学生人数高达一二百人，并且大部分思政课教师在教学过程中都是身兼多门课程，每周课时平均有二十余节，教学任务其实是相当繁重的。此外，再加上教师还要兼做科研工作，有的学校甚至用论文发刊来决定教师的去留与升迁问题，从而导致思政课教师的教学科研任务更加繁重。

（三）思想政治理论课教学科研经费投入不足

教学科研经费的投入，既是稳定教师队伍和提高教师地位的一个关键环节，同时也是教学活动正常进行的前提与基础。但是在现实中，对于全国大部分高校来说，对于思政课教学科研的经费投入与对其他专业课的经费投入相比，呈现出一定的差异。"市场经济条件下，追求大学排名、讲求经济效益已成为各高校管理者的惯性思维。体现在学科建设上，当然是对能给学校带来直接现实收益和口碑的理工科学科专业给予政策倾斜与扶持，并保证其'优先'发展，而对于具有社会效益却不能带来直接经济效益的人文社科类学科专业，则不甚重视。"这种不重视，尤其体现在对思想政治教育课的投入上。

事实上，高校每年下拨给思政课教学部的科研经费十分有限，正是因为经费的缺乏，使得高校无法为从事思政课教学的教师营造一个良好的工作和科学研究环境。由于缺少专门的科研场所、教学设备，再加上没有足够丰富的图书馆藏以及网络资源，使得大部分思想政治理论课教师，尤其是青年教师在学习和教学研究过程中往往感到力不从心。尤其是在一些理工科院校，这种情况更为明显。此外，由于高校未能提供充足的经费资助思政课教师外出进修或参加各类研讨会，导致部分教师缺乏提升空间，不能更好地提升自身的教学能力和改进教学方式，最终影响思政课教师队伍整体业务能力的提升。

二、教师队伍建设理论和制度体系不尽完善

近年来，我们党和国家对思政课教师队伍建设工作越来越重视，在对当前思政课教师队伍建设取得的成果进行肯定的同时，也对教师队伍建设提出了更高的发展要求。虽然出台的各项规定对于思政课及思政课教师已经做出了明确的规定和要求，但是当前对于高校思政课教师队伍建设理论的研究是比较少的，尤其是对思政课教师队伍专业化建设缺少整体性的研究，没有形成完整的理论体系。而在制度上，"各高校在教师职称评定聘任晋级、评优评奖等关乎教师发展的核心指标上，考核评价体系标准单一，即简单地以科研为主要标准，甚至唯一标准，轻视甚至忽略对教师队伍的教学能力、教学水平和教学量的考核。常常将发表论文与出版著作、课题申请与结项、科研项目获奖等科研业绩作为主要考量指标。"

此外，一些高校在自行制定福利待遇、出台补助条例以及增发岗位津贴等指标时，也未能充分考虑到思政课教师任务重、人手少的教学实际情况。这种不合理的激励机制也会严重影响教师对教学的工作态度。由此可见，目前一些高校的现行管理制度并未对思政课教师队伍建设起到正向激励与引导作用，因此对于制度研究是需要不断摸索创新的。正是由于目前高校有关思政课教师队伍建设的理念和制度研究相对滞后，人员选聘及考核评价等各种相关制度尚待健全，因此影响了思政课教师队伍专业化建设。此外，由于思政课教师自身的创新活力欠缺，导致其在进行队伍建设相关管理时也缺乏创新精神，不能根据最新的相关规定和教学实际做出整体和更加长远的发展规划，这在一定程度上也影响思政课教师队伍建设的长足发展。

三、教师队伍的管理机制尚未完善

（一）教师数量配比有待优化

高校思政课教师的师生比例未达标准。《新时代高等学校思想政治理论课教师队伍建设规定》（以下简称《规定》）第七条明确指出："高等学校应当根据全日制在校生总数，严格按照师生比不低于 1：350 的比例核定专职思政课教师岗位"。近年来，我国提出了思政课程改革创新的新要求，加之高校扩招新政策的实施，高校招生规模不断扩大，思政课教师数量不足的问题日益显现。

（二）教师专业背景有待扩大

思想政治理论课是一门综合性学科，从不同角度讲授马克思主义基本原理、马克思主义的中国化及思想道德修养与法律基础等内容，需要综合运用哲学、法学、经济学、历史学等跨学科的专业知识。因此，要完善思政课教师队伍建设，需要具有多学科背景的人才加入思想政治理论教育工作当中来。然而，当下思政课教师大多来自马克思主义理论、中共党史等马克思主义专业，对经济学、法学等专业人才的吸引力不强，教师的专业背景较为单一，缺少复合型人才。这从某种程度上导致教师教学思维、模式固定，无法适应新时代多样化的学生教学工作。

四、教师自身存在的局限性因素

（一）缺乏职业认同感

随着教学任务的日益增加，部分思政课教师对自身的职业缺乏一定的认同感。这种认同感的缺乏具体表现在两个方面，一个是职业倦怠，另一个是职业成就感不高。由此，教师有时就会表现出疲于应对的状态。

此外，还有一个问题就是教师的薪酬待遇不高。尤其是在一些高校中，由于思政学科属于"偏门"学科，思政课教师队伍不够壮大，再加上思政课本身也不太受到学校的重视，因此学校在规定教师薪酬与配置科研资金方面就可能有所倾斜。思政课教师相对来说薪酬较低，并且有很大的教学和科研压力，从而严重影响教师的工作积极性。

与此同时，随着社会竞争的日趋激烈，人们在追逐各项利益的同时，更加注重的是能给自己带来更多经济效益的专业，并且对其职业认同度较高。这直接影响思政课教师的工作态度与努力程度，从而导致部分教师职业认同度下降，严重影响高校思政课教师队伍的整体稳定性。

（二）角色定位模糊

作为一名思政课教师，必须扮演很多种不同的角色，包括理论知识传授者、党的方针政策宣讲者、思想心理引导者、道德品质示范者。但在教育教学的实践活动之中，部分教师还是难以协调角色心理关系，很难做到严师与益友角色之间的互换。这些问题使一些思政课教师对自身缺乏清晰的角色定位，从而导致部分思政课教师的职业行为出现偏差，在思想政治理论课教学中出现"重教轻学"的现象。也有个别思政课教师在教学过程中，对学科的性质和教学目标未能全面把握，教学时只管对学生进行理论知识的传授，对于"育人"的目标却有所忽视。还有部分教师只关心自己的教学任务能否按时完成，却不管实际的教学效果如何。甚至有极个别思政课教师将自身的负面情绪带入教学中，其言行举止无法与其教师身份相匹配。教师角色定位偏差导致的这些现象，一定程度上影响高校思政课教师队伍的专业性。

（三）师资素质不高

1. 师德素养不高

随着市场经济的快速发展，人民生活水平逐步提升，在思政课教师队伍中产生了"物质化"倾向，部分教师降低了职业的责任感和使命感，弱化了对工作的热情和对学生的关爱，没能真正做到"德高为师，身正为范"。

2. 专业素养不足

部分思政课教师在日常教学工作中不能潜心学习和研究马克思主义理论，忽略了马克思主义方法论的指导作用，甚至存在不切合实际的思想和言论，如此很难实现专业素质的提升，亦难以发挥思想政治教育的实效性。

3. 能力素质不实

受班级建制因素影响，大多数教师都承担了百人以上的大班教学工作，长期繁重的工作任务导致他们缺乏充足的研学时间，影响其施教能力、调控能力、创新能力的提升。

此外，由于师资力量不足，在高校中出现大量非思政类专业的兼职思政课教师，兼职教师队伍缺乏稳定性，教师水平参差不齐，评鉴机制尚不健全，这些对思政课教师队伍整体素质的提升也存在一定影响。

（四）教学科研水平不高

对于一些思政课教师而言，他们的教学科研能力与实际的职业能力要求之间还具有一段距离。如部分教师由于缺乏基本的理论素养、教学基本功和教学管理能力，无法按照教学要求进行思想政治教育工作。

此外，有的老师因为缺乏运用教学设备和教学方法的能力，在教学中不能激发学生的学习兴趣，导致实际教学效果不太理想。除了教学水平不高以外，还有少数教师科研意识薄弱，研究水平不高，不能保证高质量论著的发表。虽说也有极少数教师的教学效果较好，但因教学任务过重，难以保证足够的科研学习时间，教学和科研两者无法同时兼顾，从而导致科研能力不足，也降低了教师的专业化程度，不利于教师队伍的专业化建设。

（五）部分教师缺乏政治道德素养

在现代网络信息技术不断发展的过程中，我国迎来了数字信息化网络时代，为人们查询信息资料带来了极大的便利，社会群众获取信息资料的途径和渠道越来越多，但对于所查询到的信息的真假性不敢予以保证。就读于高校的学生积累了一定的社会经验，其想法较为活跃和新颖，很容易被现代化网络吸引，受到网络中不良信息的影响，沉溺于网络世界中无法自拔，甚至还会严重影响道德观念、政治见解和政治立场的形成。思政课教师在网络中也会浏览一些负面消极的信息，有可能会出现道德立场动摇的现象，这种情况会直接影响高校政治教育课程教学效果。高校的主要教学目的是培养学生成为具有较强专业技能及核心素养的人才，进而向社会输送更多高质量优秀人才，因此，高校所有教师要深刻意识到思政教育的重要性，特别是高校思政课教师的授课是学生接收思政教育相关知识内容的主要渠道，在教学过程中思政教师的政治立场如若不坚定，一定会对思政教学质量和效果造成严重的影响，很难在教学过程中培养学生具备坚定的思想信念，从而导致高校教学质量并不理想。

（六）部分教师缺乏创新和实践能力

首先，部分教师在授课过程中对教材话语缺乏创造性总结，不善于将教材话语转变为大众话语，不能贴近大学生的生活实践，传播话语既缺乏思想深度，又无温度和温情，教学缺少启发性，难以被学生接受和认可，从而使高校的思政课教学失去亲和力、吸引力和感染力。

其次，有相当一部分教师把实践育人与理论教学、网络教学分开，还有部分教师在实践育人内容的选择上，缺乏有深度、有创意的实践主题，在教育教学实践中缺乏创新活力，导致学生产生实践疲劳，严重影响高校思想政治理论课实践教学的可持续发展。

最后，大多数教师依然沿用传统的灌输式教学模式，缺乏开放协同创新的理念，不善于统筹运用研讨式、互动式、启发式、案例式等多维教学方法，从而导致其教学缺乏渗透力和实效性。

（七）思政课教师教学问题意识不足

问题意识需要高校思政课教师在自我教育和自我成长的过程中经过长期的探索才能培养起来，部分高校思政课教师出现教学问题意识不足的原因，不是短时间内由单一因素造成的。

1. 高校思政课传统灌输教学模式的负面影响

随着时代的发展和社会的不断变革，传统灌输教学模式已经难以跟随时代发展潮流。传统灌输教学模式只注重理论灌输，将教材中的政治理论生搬硬灌。这种传统的教学模式是以教师为主体，教师与学生之间没有建立双向互动的教学关系，依然局限在教师的单向灌输上，学生往往对这种课堂模式无法产生兴趣，导致学生在课上的"抬头率""点头率"并不高。目前，处于新时代的高校思政课教学模式和方法已经有了革新，但还处于过渡阶段，部分高校思政课教师仍然缺乏问题意识，需要不断自我学习，摆脱传统教学模式带来的影响。

首先，高校思政课传统灌输教学模式注重传授知识，这会导致部分教师习惯照本宣科的教条式教学，教材内容会变得空洞，并且会削弱教师的教学问题意识。部分教师认为将理论知识按照教材结构传授给学生是天经地义的，学生则习惯于死记硬背，对所学的理论性知识进行机械式记忆，导致教师的教学问题意识缺乏，也导致学生自身缺乏独立思考和解决问题的能力。

其次，高校思政课传统灌输教学模式重视考试结果而非学习过程。传统教学模式单一的考试方式使得部分思政课教师认为教学就是将教材中的理论知识生硬地用最简洁、最便于记忆的方式传授给学生，以通过对学生而言最重要的期末考试。这种应试体制对高校思政课教师的教学问题意识的形成产生了制约作用。最终导致部分思政课教师长期机械性地灌输知识，忽略了学生是否真正将马克思主义理论知识内化为其内在的思想道德素质。

最后，高校思政课教师受传统灌输教学模式的影响，认为思政课的教学内容都是真理或定论，这也间接性导致很多学生在学习这些知识的时候是不具备批判和质疑精神的，一味地认为老师讲授的都是正确的。问题意识需要在不断自我反思的过程中形成，如果没有问题的提出，思政课教师就不会直面学生的各种困惑，也不会对学生的问题进行思考与解答。

2. 促进教师教学问题意识养成的培训考评体系不健全

第一，提升思政课教师教学能力和质量的关键是建立一套科学完善的培训机制。目前，部分高校对举办促进思政课教师教学问题意识养成的定期培训不够重视，影响思政课教师教学问题意识的提升。当前部分高校对思政课教师的培训方式单一，大多是组织大型培训活动，培训模式在一定程度上重理论、轻教学，尤其缺少针对思政课教师教学问题意识养成而展开的培训，且忽略了教师群体的差异性，不能满足其在教学实践中的客观需求，在对思政课教师的理论培养与教学赋能上收效甚微，限制了思政课教师队伍理论水平和教学问题意识的进一步提升。

第二，部分高校缺乏针对性强的思政课教师教学问题意识考核评价机制。要对思政课教师进行全面且客观的评价，就要制订一套可行的、具有针对性的考核评价机制。首先，部分高校忽视了思政课教师与其他学科教师的差异性，对全校教师实行统一的考核评价机制，没有精准、具体地设计针对思政课教师队伍教学问题意识的考核评价指标。其次，部分高校存在科研评价与教学评价失衡现象，考核评价内容单一。表现为侧重对思政课教师以课题申请、论文出版等科研项目进行考核评价，缺乏对思政课教师队伍教学问题意识的考量以及其教学能力、教学效果的考评，无法激励思政课教师提升自我，不利于思政课教师教学问题意识的提升。

第三，部分高校缺少考核评价反馈机制。对于思政课教师的考核评价，其主要目的首先是将结果作为一个依据提供给高校领导部门，并对思政课教师队伍进行更好的指导和激励。其次就是将结果有效且及时地反馈给思政课教师，使其能够不断提升自身素质，更好地完成教学工作。但是，现阶段部分高校没有建立这种反馈机制，也没有将思政课教师的教学是否具备问题意识作为重要指标纳入这种机制中，导致具备强烈教学问题意识的教师得不到奖励，表现欠佳的教师得不到指导，思政课教师的考核评价机制没有发挥应有的作用，也没有达到考核评价的主要目的，进而对思政课教师提升自身教学问题意识的积极性产生了消极影响。

3. 教师教学问题意识薄弱

（1）教师的教学思维模式固化

思维模式固化是对思政课教师职业发展的一大障碍，尤其是对于经验较丰富的中年思政课教师来说，他们大多已经形成了各自的教学风格，并具备扎实的理论功底和丰富的教学经验，很多还获得了高校与往届学生的高度认可。这使他们长期处于自己的惯性思维中，养成一种千篇一律的教学模式。中国特色社会主义进入新时代，随着我国经济社会的不断发展，高校思政课教学也面临着新的现实挑战，大学生对思想政治领域的知识需求更加迫切。当问题发生新的质的变化时，部分思政课教师固化的思维模式会使教师墨守成规，难以涌现新思维，造成知识和经验出现负迁移，阻碍新问题的解决，也造成高校思政课教师问题意识缺失。部分高校思政课教师需要打破现有惯性思维和教学模式，转变思想观念，继续学习，实现自我突破，更好地在教师岗位上发光发热。

（2）教师忽视学生的主体地位

目前，部分思政课教师在教学中仍处于主体地位，缺乏与学生的交流互动，忽视学生的问题与思想状况，导致教学问题意识的缺失。部分思政课教师更多的是根据教材中教学内容的难点对课程进行设计，很少关注学生的特点和自身需要。每个课堂的学生专业不同、知识背景不同，部分教师并未对如何针对不同专业的学生来调整授课方式进行考虑，课堂讲授与理论灌输成为常见的教学方式，学生内在的苦恼与困惑得不到化解。这种传统教学理念使学生的主体能动性很难得到发挥，也造成部分思政课教师教学问题意识缺失，也使思政课达不到思想政治教育目标。

（3）教师的教学方法老旧

新媒体的兴起和发展迫使思政课教师顺应时代发展要求，要紧跟时代的步伐，不断探索提升思想政治理论课教学效果的新方法，选择适应时代需求的教学方法。灵活的教学方法是思政课教师解决教学问题的保证。思想政治理论课课程内容的不断更新和学科要求的不断变化也要求思政课教师具备问题意识，创新教学方法。目前，部分思政课教师不能灵活地运用教学方法处理各种教学问题，在教学中依然以理论讲授为主，忽视了教学方式、方法、载体的多样性，忽视了将思政课教学与解决学生问题相结合，弱化了自身教学问题意识的培养。

（4）教师的综合教学能力有待提升

高校思政课教师教学问题意识的提升需要专业的理论素养和知识储备作为支撑。目前，部分思政课教师的马克思主义理论知识功底较薄弱，不能及时更新自身知识结构，对重大理论和现实问题的回应度不高，说服力不强，这与思政课教师平时疏于学习有关。一方面，部分思政课教师更加注重对日常教学经验的总结以及教学工作的完成，缺乏探索思政课教学的自觉性和内在动力，不能从学术研究的角度发现和思考思政课教学问题。另一方面，部分思政课教师没有树立和践行"终身学习"的理念，没有及时学习最新理论知识，缺少学术交流的主动性，忽视对自己在教学过程中遇到的问题进行反思和总结，影响综合教学能力的提升。

第三节　高校思政课教师队伍建设的路径

一、国家层面

（一）提供政策支持

国家应适时且适度地出台一些加强高校思政课教师队伍建设的政策和规定，从政策层面引领全社会认识到新时代加强高校思政课教师队伍建设的重要性。在制定相关政策时，同时也要广泛听取基层意见，深入高校开展调查研究，确保其具有有效性和针对性。

例如，根据高校思政课教师队伍发展现状，为思政课教师适度"减压"。"缩小思想政治理论课教学的班级容量、适当减轻思政课教师的教学和科研压力、给予思政课教师岗位补贴、建立专门的思政课教师奖励机制等"，营造一个良好的制度环境。科学合理地制定与新时代高校思政课教师队伍建设的有关政策，为实现思政课教师队伍建设提供理论支撑和制度保障。

（二）加强物质保障

国家要加大对教育部门的投入力度，为高校思政课教师队伍建设提供足够的物质保障。政府应大力支持和鼓励各高校开展科研立项、思政课研学、教师专业发展、社会实践等相关学术活动，并给予一定的政策和基金支持。此外，也可以开展一些有关教育的公益活动，广泛吸纳社会资金、储备教育基金，以用于思政学科发展。最后，还应成立相应的督导组织，确保国家下拨的各项经费全部用于高校思想政治教育工作。国家要确保为高校思政课教师队伍建设提供足够的物质保障，为其营造良好的职业发展环境，从而使高校思政课教师不断增强对自己所从事职业的满足感，充分调动他们工作的积极性。

（三）制定发展规划

2021 年中共中央国务院办公厅印发了《关于加强新时代马克思主义学院建设的意见》（以下简称《意见》），《意见》指出：与新时代新要求相比，马克思主义学院在教育教学、研究宣传、队伍建设、人才培养等方面还存在差距，马克思主义理论学科建设亟待加强。必须适应新形势新任务的迫切需要，立足党和国家事业全局，把加强马克思主义学院建设作为基础性、战略性工程，推动实现高质量发展。高校应进一步加强对思政教师队伍建设的重视，突出顶层设计、完善思政课教师队伍建设规划，在资金投入方面要优先保障，在师资建设方面要优先考虑，在资源配置方面要优先满足，要动员各方力量支持，协同推进马克思主义学院建设。例如，实施高校思政课教师队伍人才培养专项支持计划、设立高校思政课创新发展中心，培养热爱思政事业且具有发展潜力的领军人才等。同时认真开展思政教师队伍建设专项督查，不断夯实思政课教师队伍建设各项保障，切实把思政课教师队伍建设工作落到实处。

二、社会层面

（一）提高思想政治理论课教师的职业声望

实现思政课队伍建设，需要提升高校思政课教师的职业声望。而要提升思政课教师的职业声望，必须要提高社会公众对思政课教师职业的认同感。当教师对自身的职业热爱并得到社会的认同时，就会充满职业幸福感，从而以饱满的激情和干劲投入到教学事业中去，这不仅能促进教师自身业务能力的提高，而且也能促进教师队伍整体的发展。思政课教师要在教学中发挥出其应有的作用，实现教书育人的教学目标，自然而然，教师队伍在社会上的职业声望也能得到提高。社会各部门要认真落实有关教师队伍建设的各项规定，提高社会公众对思政课教师队伍的认同感，不断提高思政课教师的职业声望。这样不仅可以增强思政课教师队伍的影响力，而且能够增强教师的职业自豪感和自信心，从而更好地推动思政课教师队伍建设的发展。

（二）倡导正确的舆论导向，营造良好的社会大环境

实现思政课教师队伍建设，需要在全社会倡导正确的舆论导向，为教师队伍建设营造良好的社会环境。目前，社会上对高校思政课教学工作的认知存在严重偏差，比如认为思政课教师从事的工作没有实际效用，对于大学生的专业技能培养意义不大；思政课教学工作并不复杂，也可被其他学科教师或辅导员兼任等。正是由于思政课教师群体其自身职业的独特性以及在日常教学中发挥的独特教育作用，使得人们对其教育意义和实践作用的感知并不像其他专业课那样深刻。因此，我们需要从理论和实践层面深入剖析思政课教师从事职业的专业性、复杂性

和不可替代性，还就需要社会各部门共同落实国家出台的相关政策，积极倡导正确的舆论导向，维护好思政课教师的职业形象。各部门不仅要加大对思想政治教育工作的宣传力度，提高社会公众对开展思想政治理论课的重要性的认识，更要让全社会尊重高校思政课教师、认可他们的劳动并充分理解他们的社会处境。只有在全社会形成正确的舆论导向，营造良好的社会大环境，才能有利地推动思政课教师队伍建设的发展。

三、高校层面

（一）打造结构合理的师资队伍

要想对队伍各结构维度实行针对性改进，打造一支结构合理的思想政治理论课教学科研队伍，保证师资队伍的可传承性、专业性及较高的学术水平，一方面需要满足高水平科研的需要，另一方面还要满足大量教学任务的需要。

1. 优化年龄结构，建设可传承的教师队伍

在年龄结构方面，要补充建设成一支由老、中、青三代结合，能够较好实现知识传承、人才过渡的队伍体系，防止人才与知识的断层。首先，年老的教师具有较丰富的实战教学经验，同时也拥有较丰富的知识储备，是思想政治理论课教师队伍中必不可少的学术权威人物；青年教师则接触现代知识较多，能够及时了解当下有关本学科的新鲜知识以及观念，能够从新视角、新角度去发现问题、解决问题，同时他们还担负接班人的重任，是本学科未来发展的主力军；中年教师作为老年教师与青年教师中间承上启下的过渡部分，需要从老年教师手中接过接力棒，在教学经验与方法得到良好传承的基础上不断对其进行完善创新。同时还要做好为青年教师提供帮助与传递经验的工作，避免产生老年教师面临退休而青年教师却还未做好教书育人准备的现象发生。为了改善目前"断层"的局面，汪洪、袁丽美指出，中青年教师应在实践中不断锻炼自身的业务能力，可通过选拔带头人和实行课程责任制等方式逐步将中青年教师培养为教师队伍的中坚力量。其次，为了应对中年教师缺乏的现状，学校还要加大吸引优秀人才的力度，不断提高人才的待遇条件，填补教师队伍中中年教师的空白。

2. 完善职称结构，推动学科建设长远发展

在职称结构方面，要均衡各级职称比例，使其保持在一个合理的范围内。教授本学科的高端优秀人才，可作为思想政治理论课教师队伍的领头人的重任，而

增加副教授的比例则可有效提高本校青年教师的教学科研积极性，使其更好地完成本职工作。从一定层面来说，高级职称越多的教师队伍，其学术与科研能力就越强，但一味追求高职称比例也并不可取。一个较为合理的比例标准，需要在国家政策的指导下来制定，同时要考虑多种影响因素，如高校所属类型及其所承担的任务类型等，因此高校教师的职称结构并没有一个统一固定的标准模式，它是相对的、动态的。这种工作的难度与强度使得对于思想政治理论课教师的素质要求较高，再加上为提高教师教学的积极程度，可以适当调整高级职称的比例，为学科的发展与教学水平的不断提高提供有力的保证。

3. 增加专职教师总量，满足学校发展需要

考虑到由于思想政治理论课教师人数缺乏导致的工作任务重、压力大等问题，以及因跳槽、退休等产生的人事变动，再加上学校规模扩大与功能扩展和其他可能因素的存在，思想政治理论课教师队伍必须要及时地对后备人才进行补充，以免影响教学、科研等方面的工作。要注意的是，在保证教师人数增加的同时，还要保证教师质量的提高。

（1）可丰富教师的来源渠道

目前，公开招聘、内部推荐、引进学科建设所需的高层次人才是三种最常见的高校招聘方式，而除这三种方式外还可以借鉴其他企业在招聘时较流行的"活水"方式，即员工内部调动。学校应对整所高校的全体教师（包括行政管理岗与专业技术岗的教师）有清楚的了解与认知，可在对其进行跟踪观察后，及时把有能力担负起思想政治理论课教学与科研任务的教师调动至队伍中来，如负责思政教育工作的行政教师或其他与思政专业相近的专业课教师群体，不断丰富队伍的人才体系。

（2）加大吸引优秀人才的力度

目前，各高校"抢人大战"正在激烈上演，教育资源争夺更加强烈，正是吸引人才的关键时期。为了使思想政治理论课教师队伍系统更加合理有效，在这个的过程中不仅要在薪酬待遇等经济方面提高吸引力，还要满足教师在心理层面的需要。同时还要切实实现在招聘中所做的承诺，避免出现"画饼"现象而造成教师心理上的落差，这样既可以保障教师在本校的稳定性，又可以提高学校的声誉。

（3）适当调整教师任职周期

长期雇佣制度会提升员工的安全感和责任感。员工将自身与企业融为一体，

分甘共苦、安危与共，能够有效提高企业的凝聚度与稳定性。因此，在教师各方面条件都较好的情况下，学校可适当与教师签订长期合同，保证人员的稳定性，减少人员流动所带来的不确定性。

4.推进专职教师与兼职教师的融合发展

建立一支高度融合的思政课专兼职教师队伍，实现专兼职队伍的融合发展，协同育人。

第一，高校要加强关怀，改善专兼职教师的融合状况。高校领导要切实加强关怀，这样才能调动专兼职教师在教学工作、科研工作中的主动性和积极性，避免出现两支队伍在同一种工作环境中各行其是，缺乏合作精神和凝聚力的现象。高校相关部门要时刻关心专兼职教师的选聘、任用以及后续的培养等，发挥好两支队伍协同育人的作用；要在管理上积极创造融合条件，关注专兼职教师在工作、生活、教学中遇到的问题，及时进行沟通并解决；不仅要为专兼职教师创造理论学习的平台，而且还要提供社会实践的机会，在理论学习与社会实践中提升思政课教师的整体水平，促进两支队伍的融合。

第二，对两支队伍的融合，要有政策支持。通过相关政策的鼓励和支持，可以极大地为专兼职教师的融合创造可行性的发展环境，高校要尽可能地为专兼职教师提供相对公平的外出培训进修机会，并给予经费支持；为专兼职教师提供较好的办公条件，为每人配备电脑，补充图书资料库，要做到图书全、资料新，尽可能实现常态化的线上线下交流；西部地区思政课教师资源短缺，可以适当扩大兼职教师的数量，适当减轻专职教师的教学压力，使专职教师有时间、有精力参与到科研项目、培训活动中。在课时经费、教学表彰等方面要对兼职教师给予更多的支持，充分激发兼职教师工作的积极性、主动性。

第三，进一步健全管理制度，推进工作规范化。推进高校思政课专兼职教师的规范化发展，是一项系统化的工程。只有进一步健全管理制度，完善系统中的每一个环节，才能使工作体系有序、良好地运行，才能达到环环相扣、整体协调的局面。只有健全和完善各种管理制度，才能做到有法可依、有理有据地开展管理工作。

严格审核兼职思政课教师的学科背景、理论素养、教学经验等工作，绝对不能把不适合的思政课教师纳入教师体系中，要保证思政课教师队伍的纯洁性。通过相关的教研活动，统一专兼职教师的教学思想，统一教学信息，交流上课体会，促进教学水平提高。通过完善制度，来约束兼职教师以个人理由来推脱各项教研活动。要建立健全各项业绩考核制度，使专兼职教师都积极地参与其中，要定期考核评价兼职教师的工作业绩，通过业绩考核，督促兼职教师积极主动地完成各项教学工作和教研活动。对考核合格的兼职教师，可以继续留任，对考核中出现问题的兼职教师，及时清理。坚决杜绝能上不能下、做好做坏一个样、只进不出的现象。及时吸纳有思想、有活力、讲奉献、能创新的新生力量，增加思想政治理论课兼职教师的新鲜血液。

第四，建立教研合作平台。教学活动和教研活动是紧密联系的，加强思政课专兼职教师在相关教学活动和科研项目中的交流与合作是强化队伍融合建设的一项必要举措。要设立常态化的教学交流平台，对思政课教师在教学活动中遇到的疑难问题提出解决建议；还要设立专业化的科研融合平台，使兼职教师融入专职教师教学科研的圈子，增强兼职教师成长为专职教师的自信心。

总之，高校加强专兼职思政课教师的深度融合，可以为教师提供相互学习、相互交流、相互促进的机会，使他们的学术水平和教学水平都有所提升，这对建立一支专业化的思政课教师队伍具有很强的现实意义。

（二）建立科学的教师队伍机制

1.健全科学的教师队伍管理体制

高校思政课教师队伍建设要实现制度化、规范化，就要建立科学合理的管理体制和机制。推进高校思想政治理论课教师队伍建设，需要我们整合已有的各种制度，促使制度内部形式衔接，优化内在架构，形成制度落地的实践合力，实现制度功能最大化。在新的教学改革中，要特别重视建立和完善教学管理制度，而教师也要严格要求自己，通过制度建设约束和规范自己的行为，确保教育质量。

高校要加强对思政课教师队伍的管理，首先要发挥好党委的领导核心作用，完善高校党委领导体制。党部领导与各系部要相互结合，齐抓共管，为教师队伍建设提供组织上的保障。其次，要建立集体备课制度。统一教学内容，分析研究教学中的重点、难点和疑点，这是提高整体教学水平的重要依据。再次，要建立教学情况交流制度。教师之间通过相互听课、评课，交流经验，发现和解决教学中出现的问题。同时，也要做好学生信息反馈工作，听取学生意见，根据教学改革要求和学生提出的建议和要求，改进教学方法，不断提高教育质量。最后，要实行准入制度，科学制定任职资格标准，严格把关人才引进。此外，要完善激励和保障机制，"合理的评价和激励机制是激发培育工作内生动力的关键一环"。

最后，各高校要加强对教师的聘后管理和履职考核，建立健全对教师岗位责任落实监督、检查与考核的开放性、多元化的评估机制，完善考核的指标体系，明确考核的流程与方式，形成科学合理的考评制度。必须不断地推进人事制度改革，调整优化思政课教师队伍结构，实现学校管理机制的创新，从而达到促进教师队伍建设优化发展的目的。

对于思政课教师队伍的培育工作，建立健全过程评价与结果评价相结合、全方位一体化的评价激励体系机制发挥着不可或缺的重要作用。当然也要积极发挥思想政治教育作用，我们要做好教师的思想政治工作，必须努力形成关心集体、热爱本职工作、积极向上、乐于奉献的环境氛围。只有不断落实和完善各项制度，形成科学合理的管理体制，才能为高校思政课师资队伍建设提供完备的制度保障。

2. 健全思政课教师队伍保障机制

（1）优化思政课教师的职称评聘制度

要想健全思政课教师队伍保障机制，需要优化思政教师的职称评聘制度，改革思政教师评价机制，降低评价机制中的论文占比，克服唯论文等弊端，提高评价中的教学和教学研究占比。

（2）完善思政课教师的荣誉表彰制度

由于思政专业的特殊性和思政课教师的局限性，思政课教师相较于其他科目的教师所获得的荣誉表彰较少。因此，国家应加大对高校思政课教师队伍的政策倾斜力度，提供更多的项目平台。国家社科基金思政专项可以设置本科组和高职组，给予高校更多的机会。还可以设置单独的高职优秀思政课教师的表彰项目，如先进单位、先进个人以及其他荣誉称号，部分荣誉称号也可以设置在高职组。

（3）提高思政课教师的待遇

新时代下社会迅速发展，少数思政课教师不能全身心投入教书育人工作中，其主动性、积极性难以得到有效发挥。因此，不仅要从精神上提振思政课教师的信心，而且还要在物质上予以支持，即改革思政课教师的薪酬激励机制，健全思政课教师的绩效认定机制，依据思政课教师的工作量，合理调整绩效系数，提升思政课教师的薪酬水平，落实思政课教师岗位津贴机制。此外，各地各高校可以因地制宜设置思政课教师专项岗位津贴。

3. 优化思政课教师队伍评价机制

打造一支高素质的思政课教师队伍，必须有科学有效的评价机制。高校应当把"立德树人"作为思政课教师评价的核心。

（1）创新评价机制

教师评价机制的创新关键在于建立科学的评价标准、促进评价的有效执行，并能合理地运用评价结果，实现以评价促发展、以评价促建设。高校应结合办学类型和特点，针对不同层次、不同类型的教师实行分类分层评价，完善同行专家评议机制，健全外部专家评审制度，建立重点人才绿色通道，激发教师队伍的活力，让思政课教师通过评价标准能找准自己的亮点，促使其更好地发挥积极性、主动性和创造性。

（2）完善评价体系

高校应构建与思政课程改革发展相适应的教师评价体系。首先，在评价态度上克服人情关系走过场思想，让评价真正发挥应有的作用。其次，在评价形式上要着力于过程性评价和终结性评价的综合利用。评价不能只为证明，而要为改进，要强化评价的诊断改进功能，优化评价的鉴定功能。再次，在评价主体上从纯粹的他评转换为自评与他评相结合，通过自评、互评、学生评、学校评、同行评、专家评，使多元评价主体相结合，提升思政课教师评价结果的公正性。最后，评价实现的目标要关注思政课教师专业发展，强调思政课教师对自己的教育教学进行总结、反思和改进，利用评价杠杆促进思政课教师队伍的整体优化提升。

（3）健全激励机制

按照《规定》，高校要采取设立奖励基金等方式支持思政课教师队伍建设。通过思政课教师集体备课、教学展示，听课评课、实践育人等关键教育教学环节，大力培养、推荐、表彰思政课教师中的先进典型，设立优秀思政课教师表彰制度，将表彰与考评机制相结合，作为教师职称晋级、发展定级的重要依据，在各级教学成果奖中加大力度支持思政课，多元推动思政课教师自觉主动夯实自身业务水平和教育教学能力。

（三）设立科学的招聘培训体系

1. 灵活把握招聘标准与面试流程

在招聘标准方面，学校应适当放宽应聘者就读的本科院校必须为"211"或以上的标准，将其改为对教师综合实力与整体素质的全面考察，不"以211论英雄"，以免在招聘时错失优秀人才或延长招聘周期。毕竟，本科出身只能代表一个人过去某一段时期的成绩，全然不顾其后来的进步与成就难免有失公正。

在招聘流程方面，学校应尽可能使招聘流程快速高效。减少双方不必要浪费的时间，一方面可以保证候选教师快速入职投入工作，另一方面可以节约学校进行招聘的时间成本。因此，学校可以专门为思政课教师开辟专属的招聘通道，为思政课教师的招聘工作提供便捷，即候选人在学院的院聘会面试中通过后可立即组成思政课教师专业面试的领导小组，随时对通过院级面试的候选人进行校级面试，在通过后尽快将面试结果通知候选人，使其尽快办理入职手续。另外，学校可以效仿企业人力资源部在招聘时的做法，成立学校内部的人力资源部，专门负责招聘事宜。学校可做好从面试接待、面试流程中与候选人保持联系、及时为候选人答疑等方面的工作来让候选人感受到学校内部和谐、温暖的氛围，增加其在选择过程中入职本校的概率。

2. 提升培训的针对性与培训方式的多样性

学校管理者对教师不能运用死板的管理方式，应给予其尊重并强调其各自的人格特点，通过发展教师自身的特性来加以培养，对学校与教师来说有着双重获益。

在培训次数与时间安排方面。第一，要整合教师培训任务。培训次数应结合思政课教师的工作强度进行合理安排，保证其教学、科研、培训三项工作能够有序地进行，避免因各项工作冲突导致精力无法集中而拉低培训效果的情况发生。同时也要减免一些不必要的培训，如一些较形式化走过场的培训，要保证做到每一次的培训都有必要且实用，保证培训的质量而不盲目追求培训的数量，节约教师与学校的精力、物力。第二，要合理安排培训时间。学校在进行培训时可事先调查各位教师的空余时间，或直接将培训集中在寒暑假等假期之中，这样可以有效避免教师因突然举办的培训与其他重要事情撞期而引发的一系列问题。

在培训方式与针对性方面。第一，近年来学校对思政课教师的需求不断增加，因此并没有对教师的专业学科背景进行硬性规定。同时也由于思政课自身的综合性，教师的专业学科背景也呈现出了多元化的趋势。但为了保证授课方向的正确性，教师在授课时就必须以教材为圆心，用好国家统编教材。因此，学校可为教师配备相应的指导教师，在有条件的情况下对其进行一对一或一对多的指导，帮助其更好地将本学科专业知识转化为与思政课相关的教学内容。但目前思政课教师面临的最大难题是如何将专家讲述的理论较好地应用到教学中。因此，在培训方式方面，为了解决此类问题，学校在对思政课教师进行培训时应多进行专家或名师示范教学，如针对某一个理论，名师直接将一堂已转化好的课程呈现给各位思政课教师，即进行教学示范，明确告诉教师应怎样讲好这个知识点，这样做的效果会比单纯听专家做理论类报告要更有效。这一做法的好处就在于能够在很大程度上避免思政课教师在自己进行内部转化的过程中出现偏离教学重点或理论核心的情况，同时还可以节省大量的时间，教师也可恰好借助专家与名师的力量更好地提升自身的教学水平。第二，目前学校教师发展中心层面所组织的培训基本都是从教育教学的角度出发的，如何进行混合式教学、如何申报教学成果奖等，较少涉及思政课教师的教学特性。因此学校需进一步精炼教师的培训需求，在此基础上为其提供有侧重点的培训内容；还应根据不同类型人才的特性为其制定特有的培养规划。如对于青年教师来说，学校需要为其准备较为全面的系统培训来缓解刚刚进入工作的陌生感，如指派优秀教师给予其有关教学、科研等方面的示范与指导。对于学科带头人的候选人来说，普通的培训已无法满足其需求，此时亟须对其进行有针对性的重点培养，不断提高其教学水平与科研能力。

（四）建立激励相容的考评制度

考核与评价能够对思政课教师在工作中进行良好的教学与科研提供有力的保障。在对教师进行考核时一定要遵循公平原则，评价前指标的设计、评价的过程以及最终的评价结果都要体现公平理念，因为只有公平的考核才能够得到教师的信服与认可，以便其后续更好地参与到工作中。

1. 合理调整职称评定周期

学校应对职称评定周期进行适当调整以提升其合理性，如将三年一次的职称评定改为一年一度。这种做法的优点在于能够使教师的晋升速度较大程度上取决于个人的努力，因此能够有效激发教师的教学与科研的积极性。如教师拥有较强的进取心，那么这种一年一度的职称考核与评价制度便可以不断激励教师在教学与科研方面形成丰富的研究成果，从而较快地得到晋升。将职称评定改为一年一度还有利于教师灵活把握并积极调整其科研进程与工作状态，教师可以及时根据自身条件来自行选择是否要加快进程获得晋升或暂时因特殊情况下一年再争取晋升，这对于减缓教师的工作压力也有很大的好处。

2. 提高指标设计的科学性

在考核与评价指标方面，教学效果与科研成果是高校教师的两大工作评价指标。除此以外，在年度考核与职称评定中应增加教师对参与公益工作的认定。一门学科的建设与发展离不开本学科教师所做出的贡献，如果教师队伍中人人都忙于个人业绩提升、职称晋升，追求立竿见影的效果，而并不考虑集体利益以及学科的长远发展时，其队伍建设必定是不成功的。因此，为了鼓励教师能够积极参与学院及学科发展的公益工作，强调教师为支持学院及学科发展的奉献精神，学校在衡量教师的贡献方面时要将年度考核与职称评定进一步挂钩，将制度进一步细化，如将教师参加教研室集体备课的考勤情况等纳入考核之中，使评价指标所涵盖的范围更加全面、具体。

在考核与评价标准方面，要考虑思政课教师的工作特性，避免制定违和的标准导致结果与实际有很大出入，因此要实行分类分层评价。在对单一教学型的教师进行评价时，要突出教育教学能力和业绩。在对教学科研型的教师进行评价时，除了要继续考察教学工作以外，还要注意以下两个方面：首先，学校在对其进行科研成果认定时范围需更加丰富全面，增加质量高、创新性强及对学科发展具有重要意义的研究成果在进行考核时的权重，如考核其参与编写的专著的质量、教书育人经验总结等，推行代表性成果评价，而不仅仅以数量为依据，克服"五唯"等倾向；其次，保证思政课教师用于科研工作的时间，尽可能减少所谓"走形式"的工作任务，使教师有精力进行理论的学习与创新。同时适当放宽成果产出的时效，缓解教师的心理压力。

（五）建立适应发展的保障制度

对思政课教师实施完善的保障与管理会对其产生非常积极的激励作用，学校管理者要提高教师的福利来保证教师心情舒畅。因此，为了使教师不断保持对工作的热爱与追求，从而达到工作质量节节攀升的目标，建设一支高效活跃的师资队伍，学校必须切实加快建立健全合理有效的保障与管理制度。

1. 加大经费支持力度

第一，在课题申报等方面要把思政课教师的实际工作现状纳入考虑范围，设立思政课教师专用的科研用途经费。当其申请到省部级或以上的优质课题时，学校要为其提供相应的配套经费支持，鼓励其积极参与并学习，不断提高自身的能力，为本学科的发展做出一定贡献，同时也能够保证其在进行科学研究时能专注理论知识的学习与创新，减少其对经费不足的担忧。

第二，学校还需设立思政课教师专用的日常工作经费，并在有条件的基础上逐年递增，满足教师外出调研、参加各类学术会议等方面的需要，在日常教学与科研工作中给予教师充分的支持。

2. 加强外部环境建设

如需求层次理论所说，当管理者给予员工基本经济保障的同时还让其在心理层面上感受到更大的安慰时，员工会对企业产生更多的信任、依赖，更能够激发其工作的主动性与积极性。因此，在思政课教师队伍建设过程中，学校要强化思政课教师与学校共为一体的整体理念，让思政课教师意识到自己在集体中是被需要的。当每位思政课教师都对自身在群体中的作用有了清楚的认知后，便会激发出其无限的动力，团队的力量此刻就会被放到最大。首先，学校应正视思政课教师的工作内容与工作成果。应平等看待思政课教师与其他课程教师的工作，不因思政课为公共课程而形成含金量较低的错误观念，从而否定思政课教师对工作的付出；其次，学校还要逐渐提高思政课教师在其他各类主体心中的地位，使其能够获得巨大的工作内驱力，以教为荣。如学校先从自身出发，为其他各类主体做出表率，从顶层设计到管理理念再到政策落地等全方位表现出对思政课教师的重视；或通过各种形式的培训与宣传，使其他各类主体从深层次、由内而外地认识到思政课教师的重要性与地位。

3.逐步提高整体待遇

如公平理论所言，良好的薪酬福利待遇与工作生活条件能够使员工安心从事工作与劳动。相反，当所获得的回报远远小于自己的付出或自身薪酬福利待遇在长时间无改善的情况下，员工对工作的热爱便会逐渐消耗。沈春梅指出，"学校各级领导都要为教师多办实事，切实保障其合法权益，努力提升其待遇"。因此，学校要认真听取思政课教师队伍中呼声较高的问题与需求，切实推动问题的解决。在薪酬方面，可研究此类群体的平均薪酬福利水平并结合时间因素，在历史时期水平的基础上科学制定相应的提升与规划，实现其薪酬福利水平稳步提升。在其他方面也要为教师多办实事，首先需要不断完善工作条件，可对工作场所所属空间是否充足、环境是否整洁、办公用品配置是否完备、教师的其他个性化需求能否得到满足等方面进行考察；其次还要切实改善教师的生活条件，包括员工宿舍、教师食堂、通勤班车以及对应的补贴等方面需较好地满足教师的现实需求，从而增强其工作的稳定性，使其在工作与生活中安心、放心、舒心，并从内心深处产生对所从事职业的热爱之情，全力投入教育教学工作。

四、教师个人层面

(一) 明确政治立场

作为当代大学生理想信念和道德规范的示范者及传播者，思政课教师必须具备过硬的政治素质，养成高度的政治自觉性。在新时期，思政课教师队伍建设要从政治觉悟入手加强教师的素质教育，主要包括以下几个方面：一是正确的政治认识，即必须具备坚实的理论基础，充分认识并自觉拥护现行国家政治制度和政策法规。二是鲜明的政治态度，即思政课教师必须坚定正确的政治立场、严格遵守政治纪律，并且要具备高度的政治敏锐性和鉴别力。三是高度的使命感和责任感，即思政课教师要清晰地认识到自己的职责和使命，秉持负责认真的态度，全身心地投入教育和培养学生这一伟大事业中去。马克思主义是我们立党立国的根本指导思想，也是我国大学最鲜亮的底色。思政课教师要明确自身的政治立场，就必须贯彻习近平新时代思政观的主场思维。习近平总书记认为，作为一名思政课教师，传播和研究马克思主义既是一项光荣使命，也是他们的终身追求。习近平总书记也一直强调要把传播马克思主义科学理论作为学校坚持社会主义办学方向的重要标准，这都充分体现了高校思想政治工作中关于马克思主义的指导作用和地位。

同时，课堂教学作为教师传授知识的主要渠道，它也是高校思想政治工作的中心环节。在课堂教学中要落实马克思主义理论教育，关键是要增强新时期高校思政课教师"在马言马"的自信心。思政课教师要努力在自己的教学过程和学术研究中不断增强自信，拒绝社会不良风气的侵蚀，避免成为宣扬西方话语的推手。

在课程设计和内容呈现上，我们要坚持政治性与学理性的统一。不仅要帮助学生加深对马克思主义的理论意义和现实性作用的认识，而且也要教育学生学会用马克思主义的立场和观点去观察和分析世界，真正理解马克思主义的本质，与时俱进，在把握世界发展趋势的基础上，成为时代的弄潮儿。学校可以组织师生前往延安枣园等红色教育基地学习和重温革命经典，师生共同加深对马克思主义的信仰。教师要学会用马克思主义的真理力量去感染学生，为其奠定科学的思想基础，助力学生的成长成才，真正做到为国家建设培养和凝聚人才。

（二）强化学科意识

学科意识的提升对加强高校思政课教师创新教学理念和教学方法具有重要的作用。提升思政课教师的马克思主义理论学科意识，就要求思政课教师所承担的教学课程要与马克思主义理论学科有结合点和共同之处，力求通过教学工作促进学科发展，用学科建设促进教师队伍的强化。学科是学问的分支，是人才培养、学术研究的基本单元、组织系统。

1. 确立学科的中心地位

马克思主义理论一级学科及二级学科的设立为思政课教师队伍的发展提供了一个良好的建设平台。马克思主义理论学科的中心地位不仅要从培养人才发展的单方面考虑，更应该从哲学社会科学以及意识形态的高度来定位。马克思主义理论学科所提供的世界观和方法论，对思政课教师在教育教学活动中运用科学的观点和方法去支撑理论观点是很有必要的。马克思主义理论学科中心地位的确立，有利于思政课教师通过研究马克思主义理论学科的价值强化学科意识。

2. 不断创新教学理念和教学方法

高校思政课教师队伍要通过马克思主义学科的引领作用不断创新教学理念和教学方法。新媒体的发展为思政课教师创新教学理念和教学方法提供了便利的渠道。也是在这种新媒体环境下，思政课教师更应该顺应时代潮流，根据学生本身所具有的特点，提高马克思主义理论学科的学术底蕴，在开放、互动中寻找教与学的发展机遇。思政课教师要寻找适合在新媒体环境中运用的新技术，转变思政课教学理念。学校要着重发挥好高校思政课教师在课上课下对学生的组织和引导作用。既要保证课堂教学任务的顺利进行，也要高质量地完成教学目标，同时要发挥好学生的主体性作用，激发他们在课堂上的主动性、积极性，提高他们参与思政课课堂的热情，使思政课的教学活动充满生机与活力。促进教师与学生的交流、互动，打破以往思政课教师只是一味地灌输的形式，有效规避思政课教学形式化、机械化的局面。在教学方法上，思政课教师要采用观点明确有新意且能够结合学生所学专业特点的教学方法，灵活增加习近平新时代中国特色社会主义思想的新内容，尽量给学生列举比较贴近实际的案例，配合电子设备的使用，唤起学生的学习兴趣，激发学生深入探究习近平新时代中国特色社会主义思想的动力。

3. 强化学科意识

思政课教师应加强马克思主义理论学科与其他学科的交流融合，提高其他学科教师对马克思主义理论学科的认知，通过马克思主义理论学科对中国现实问题的解答能力，增强马克思主义理论学科的社会影响力，提高思政课教师队伍在高校教师队伍中的地位。同时，高校思政课教师队伍应自觉承担将马克思主义中国化、将中国化的马克思主义传播到国际的责任，自觉担负把中国故事、中国制度、中国声音传播到国际上的重任，增进国际社会对中国的了解和认同。

综上所述，促进高校思政课教师确立马克思主义理论学科意识，创新教学理念和教学方法，可以发挥好马克思主义理论学科的领航作用，增强思政课教师队伍对本学科的归属感。

（三）增强专业本领

新时代背景下，要求高校思政课教师精通业务、掌握专业技能，并且提升个人素质。随着社会的发展进步，思政课的教学工作需要面对的社会环境也越来越复杂，因而对教师的要求也就不断提高。为了适应新时代的发展要求，高校思政课教师应该不断地提高自身的综合素质以及业务水平。

首先，要不断加强理论学习和科学研究。思政课教师不仅需要研究相关专业文献，建立扎实的理论基础，而且需要在充分了解中国基本国情的基础上从事社会实践，顺应时代潮流，把握社会发展的必然趋势。另外，思政课教师也要加强对马克思主义中国化最新理论成果的学习与研究，掌握其理论性质和实践要求，并在此基础上将其研究成果转化为教学材料，让学生在不断学习的过程中对马克思主义产生由衷的情感和信念。

其次，要牢固树立改革创新意识。坚持"因时制宜，顺势而行"，主动汲取最新的教育理念，不断丰富高校教学资源，不断扩充思政课的教学内容。根据互联网时代学生的学习习惯和普遍需求，合理利用"互联网+"等自媒体资源。在辩证的思维方式和科学且多样的教学手段中，让学生充分体验到思政课的魅力和益处。

最后，身为一名合格的思政课教师，除了具备过硬的专业能力外，还需不断提高自身的师德水平。当前情况下，一些高校的思政课教师还存在着学术夸大、学术不端、学术腐败等令人不齿的行为，尤其是在师德师风方面存在极其严重的问题。种种的"失范"现象给高校思政课教师队伍形象带来了极其恶劣的影响，也在一定程度上阻碍了高校思政课教师队伍建设工作。要想解决"失范"问题，首先要做好对思政课教师的教育工作。确定优秀教师的首要标准就是要明确政治立场，坚定理想信念。其次要以正面倡导与负面清单相结合的方式颁布思政课教师行为准则，明确思政课教师的政治立场、价值取向、学术规范和道德操守等方面的基本遵循。再次要对教学管理方法进行改造和创新，如何把握学术研究开放性与课堂教学严谨性之间的边界，我们要站在政治的理论高度去思考这一问题。最后，我们还需要严格把控几个关键环节，比如高层次人才的引进、教师职称评估、先进教师评选等，坚决抵制藐视政治底线、不遵守学术规范、腐化师德师风的行为。

（四）树立职业理想

高校思政课教师要明确，在课堂上如何讲、在马克思主义论坛中如何发声、如何撰写马克思主义理论类的文章，这是思政课教师的本职工作。高校思政课教师既有自身的特点，又具有全国高校思政课教师的责任与义务。高校通过不断强化思政课教师的职业意识，使思政课教师主动承担起马克思主义传播者和大学生健康成长引路人的重任。思政课教师要把职业理想内化为职业责任，增强责任感和使命感，不仅要成为马克思主义理论知识的传播者，而且要成为高尚道德情操和理想人格的示范者，成为马克思主义理论的研究者。高校思政课教师必须坚定"四个自信"和"六个要"，做到对马克思主义理论学科的"真学、真懂、真信、真用"；作为理论与实践的传播者，思政课教师要始终落实立德树人的根本任务，要有崇高的职业理想、坚定的职业信念、浓郁的职业情感和积极向上的职业行为。由于对职业理想信念的追求是自觉层次上的追求，因而自觉追求职业理想是思政课教师师德自觉提升的一种表现，为此，思政课教师要通过自觉追求职业理想、自觉端正职业态度、自觉增强职业能力、自觉遵守职业纪律、自觉履行职业责任、自觉优化职业作风的具体路径，发挥好思政课教师的人格力量，树立为新时代中国特色社会主义现代化建设培育合格的建设者和接班人的强烈责任感和使命感。高校思政课教师要增强责任感和使命感，就必须自觉坚定"四个自信"，以高度的政治敏锐性洞察国际和国内情势的变化，要始终树立共产主义理想信念，把向学生传播党的方针政策作为己任，通过马克思主义理论、习近平新时代中国特色社会主义思想对学生在课堂上进行正确的引导，使学生的问题意识和解决问题的能力不断增强。只有这样，高校思政课教师才能做到政治站位高，目光长远，理论视野开阔；才能以正确的方向、科学的态度、求真的精神引导学生；才能在授课时理直气壮、底气十足；才能旗帜鲜明地以自己对马克思主义理论的坚定信仰感染学生、影响学生；才能在教学中自觉做到以情感人、以理服人，用正确的理论引导学生，纠正各种错误思想和观念；才能在学生心目中树立思政课的良好形象和声誉，增强学生对马克思主义理论的坚定信念，使思政课成为影响学生一生的经典课程。

作为一名思政课教师，更有责任学习贯彻党的十九届五中全会的精神，以坚定的理论自信去培育新时代大学生的世界观、人生观和价值观，努力探索新形势下思政课教育教学规律，实现思政课教学效果的最优化和最大化，矢志不渝地承担起政治使命，为维护民族团结、国家安全和统一做出自己最大的贡献。

基于此，高校更应该对思政课教师队伍给予更多的关怀和认可。学校的关注、学生对思政课教师教学活动的尊重与肯定，是思政课教师职业理想的追求，也是思政课教师队伍履行责任和使命的无限追求。

（五）加强师德建设

新时代对思政课教师的师德定位更加明确，对思政课教师的人格塑造和道德水平提出了体现专业特质的要求。思政课教师在日常教学中，要落实好立德树人的根本任务，就要将自身的师德与专业成长融入教学实践中，提升自身的道德水平。为强化师德引领，完善教师聘评和考核机制，多数学校已经成立党委教师工作部，坚持把政治标准和师德师风表现作为人才引进、职称评定、导师遴选、岗位考核的首要标准，且增加了课堂教学权重，画出师德建设红线，完善了教师职业道德规范，并实施师德"一票否决"制。

首先，思政课教师的政治立场和态度要明确。思政课与其他课程有很大的不同，是一门意识形态很强的课程，高校思政课教师必须对新时代中国特色社会主义以及党和国家颁布的文件精神有坚定的政治立场，表明自己的观点。不仅要做好学生的表率，还要在全校教师面前起到带头作用。这就要求思政课教师必须做好对党和国家政策的学习者、传播者，切实把握好时代的特质，能够与时俱进，充分利用现实条件，用与时俱进的理论武装好自己，然后再完成立德树人的使命。

其次，高校要定期组织开展关于师德师风建设的主题教育活动。思政课教师要做全校师德建设的排头兵和骨干力量，各高校要坚持发挥榜样的作用，以榜样的力量推动高校教师队伍建设，彰显师德师风。在主题教育活动中，可设置师德论坛、师德标兵展示专栏等，展示先进典型的案例，营造积极向上、争优创先的良好师德师风氛围。引导思政课教师明确职业道德底线和教育红线，不断强化师德意识、提高道德觉悟，使思政课教师将"以德立身、以德立学、以德施教、以德育德"转化为内在要求和自觉行为并贯穿于教师生涯始终。好的思政课教师会用自己的德行塑造灵魂，会无止境地探索教学策略，提升教学效果，用自己的行动和力量感化学生，让学生学有所得。

最后，高校要建立和完善思政课教师师德师风考评制度。师德师风考评制度对于思政课教师是必要的，定期考察每一位专兼职思政课教师的师德师风，既是对教师负责，也是对学生负责，更对充分地发挥师德具有导向和监督作用。对此，制定一套具有科学性、规范性和可操作性的考核制度是高校思政课教师师德师风建设的关键所在。

习近平总书记在全国高校思想政治工作会议上强调，推进师德师风建设，必须坚持"四个统一"。高校思政课教师要根据现有的条件，坚持教书和育人相统一、坚持言传和身教相统一、坚持潜心问道和关心社会相统一、坚持学术自由和学术规范相统一。高校可选聘师德师风监督员，聘请第三方专业机构进行监测评估，深入开展师德师风评议活动。

因此，在思政课教师的选拔过程中，不仅要考察候选人的专业能力和业务素质，更要注重对思政课教师品德的考察，这样才能为高校挑选才德双优的思政课教师，充实思政课教师队伍。

总之，强化师德建设，就要通过思政课教师自身的努力，定期组织开展师德师风建设活动。高校也要建立和完善思政课教师师德师风考评制度。双管齐下，发挥思政课教师的榜样示范作用，让思政课教师成为真正意义上的典型模范。

（六）坚持科研与教学两不误

高校教师的主要职责就是教学和科研。作为一名优秀的思政课教师，其专业素质不仅体现在较高的科研水平上，更体现在较强的教学能力上。在过去相当长的一段时间里，思政课教师的主要任务就是完成教学工作，仅有的一点科研任务还是为了满足职称评定的需要，这导致他们进行科研的时候往往缺乏深层次的研究。

此外，繁重的教学任务也成了制约教师在科研上取得成果、在职称评定上取得进步的重要因素，也严重影响了思政课的教育实效性。作为一名教师，虽然说他的基本任务是教学，但进行科学研究也非常重要。教师自身教学能力提高的同时也能有效地促进科学研究水平的提高，由此也能不断丰富教学内容并改进教学手段，从而提高教学水平，所以思政课教师必须平衡好两者的关系。教师只有自己首先把理论问题研透弄通，自己说服自己，才能去说服引导学生，从理论研究的制高点上把握教育的主动权。思政课教师如果自己没有强烈的理论研究兴趣，没有独立从事科研的能力，也就很难提高教学质量，也无法培养出高素质的学生。因此，思政课教师要齐抓教学与科研，使之产生相互促进的效果，从而更好地履行教书育人的职责和使命。

（七）坚持以学生为中心开展教育工作

身为高校思政课教师，首先视野要宽，其次思维要活，在实际教学过程中要真正做到以学生为中心，关心社会问题。开展思政教学工作，要坚持在改进中加强，不断与时俱进，及时更新教学内容和教学手段，改善课堂教学的基本环境，避免思政教学流于形式化、表面化，以此来增强教育的针对性和时效性。

开展教育工作，关键是要坚持以学生和社会关键问题为中心的工作导向。高校思政课教师应学会把握理论与实践、漫灌与滴灌的关系，不断创新和变革教学方法，利用多种教学手段，采用学生喜闻乐见的话语活动体系，从而有效提高教学的亲和力、吸引力和影响力。这也要求新时代思政课教师：在知识构成上，既立足于课本，又不必拘泥于课本，不仅要成为掌握专业知识的专业人才，而且也需要了解其他学科和领域的相关知识；在格局构成上，不仅要了解历史，而且还要了解世界，必须具有宽广的视野，关心社会问题，才能够正确理解当代中国以及客观世界，做出正确的价值判断和选择，引导学生树立正确的价值观念；在教学过程中，要根据大学生主体多样性的特点，学会因材施教，避免笼统教学。此外，也要不断推进思政课与现代教育信息技术的结合。

参 考 文 献

［1］ 奚冬梅，胡飒. 高校思想政治教育教学与实践研究［M］. 北京：光明日报出版社，2017.

［2］ 代黎明. 高校思想政治教育实效性研究［M］. 北京：北京理工大学出版社，2018.

［3］ 王东，陈先. 新时期高校思想政治教育理论与实践［M］. 北京：九州出版社，2018.

［4］ 邢国忠. 高校思想政治教育创新发展基本问题研究［M］. 北京：知识产权出版社，2019.

［5］ 马晓红，杨英华，崔志林. 高校思想政治工作与素质教育研究［M］. 长春：吉林文史出版社，2019.

［6］ 缪子梅. 高校思想政治理论课教师教学能力发展研究［M］. 镇江：江苏大学出版社，2019.

［7］ 边慧敏，李向前. 新时代高校思想政治工作指导手册［M］. 北京：东方出版社，2020.

［8］ 荆筱槐. 大数据与高校思想政治理论课［M］. 北京：光明日报出版社，2020.

［9］ 徐金平. 社会主义核心价值观与高校思想政治教育研究［M］. 长春：吉林出版集团股份有限公司，2020.

［10］ 郎益君. 高校思想政治理论课教学创新研究［M］. 沈阳：辽宁大学出版社，2020.

［11］ 王利平. 网络环境下高校思想政治教育方法研究［M］. 武汉：武汉大学出版社，2020.

［12］ 罗春秋，朱云生. 高校思想政治理论课实践教程［M］. 成都：西南交通大学出版社，2020.

［13］王英姿，周达疆. 新媒体时代下高校思想政治教育研究［M］. 北京：九州出版社，2020.

［14］陈莉. 新时代高校思想政治教育教学改革与实践研究［M］. 西安：西北大学出版社，2020.

［15］李春晖. 高校思想政治教育的心理理论模式研究［M］. 北京：九州出版社，2020.

［16］边和平. 高校思想政治理论课教学艺术论［M］. 徐州：中国矿业大学出版社，2020.

［17］钟家全. 互联网与新时代高校思想政治教育队伍建设［M］. 成都：西南交通大学出版社，2021.

［18］王仕民，丁存霞. 新时代高校思想政治理论课体系创新研究［M］. 广州：暨南大学出版社，2021.

［19］刘小华. 新时代文化自信视域下高校思想政治教育创新论析［J］. 黑龙江高教研究，2020（12）：118-121.

［20］王闻萱，张慧. 新时代高校思想政治教育创新发展的原则、挑战及路径探索［J］. 黑龙江生态工程职业学院学报，2020，33（06）：108-111.

［21］秦玉学，孙在丽. 新时代我国高校思想政治工作的新思考［J］. 高教学刊，2020（33）：177-179.

［22］马小华，王凤超，刘梦娇. 构建高校思想政治工作长效育人机制的价值蕴含与实践路向［J］. 经济与社会发展，2020，18（05）：87-92.

［23］高新莉，刘芳. 新时代高校思想政治工作人才队伍建设的几个着力点［J］. 思想理论教育导刊，2020（10）：152-155.

［24］张瑞. 共同体视角下新时代高校思想政治教育的现实困境与现代转型［J］. 陕西教育（高教），2020（10）：30-31.

［25］李玉倩. 新时代高校思想政治"三全育人"实践路径分析［J］. 湖北开放职业学院学报，2020，33（17）：68-69.

［26］李文昊. 积极心理学视域下高校思想政治教育实效性探析［J］. 农家参谋，2020（18）：265.

［27］郭颖，吴先超，马加名. 全面质量管理视域下高校思想政治工作质量提升探微［J］. 学校党建与思想教育，2020（17）：94-96.